MW01709106

La palette de l'amateur

AQUARELLE

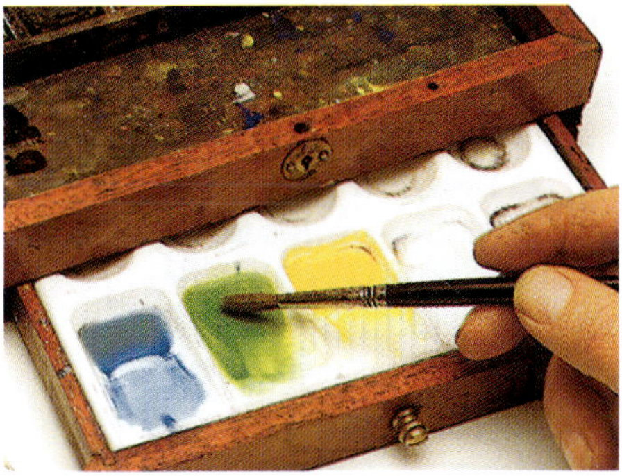

Comment composer et mélanger les couleurs

Dessain et Tolra

Édition originale :

A QUINTET BOOK
Mix your own watercolors

This book was designed and produced by
Quintet Publishing Limited
6 Blundell Street
London N7 9BH

Édition française :

Édition : Colette Hanicotte
Traduction : Anne-Marie Terel
Adaptation technique : Claudine Voillereau
Fabrication : Jérôme Bon

Dépôt légal : 1996

Imprimé en Chine par SNP Leefung Printers Ltd en avril 2005

ISBN : 2-04-720196-9

SOMMAIRE

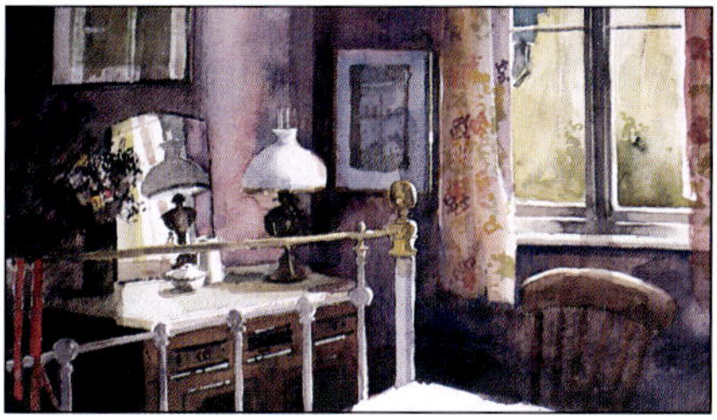

INTRODUCTION

Créer les couleurs par mélange est une activité pratique et même s'il est utile de connaître la théorie des couleurs, rien ne remplace l'expérience : il faut essayer et accorder les tubes ou les godets de peinture.

La façon dont les aquarelles se mélangent leur est spécifique et ne concorde pas toujours avec la théorie des couleurs ni même avec le bon sens. Les artistes qui débutent dans ce moyen d'expression ne le savent pas toujours et ils sont déçus par le résultat des mélanges dans leurs propres tableaux. Ce livre se propose de les aider tout en s'adressant également aux aquarellistes chevronnés.

Les pages consacrées au mélange des couleurs examinent les couleurs primaires et secondaires du cercle chromatique ainsi que les bruns et les couleurs neutres. On peut s'y reporter à titre de référence en peignant, ou s'en servir comme base pour poursuivre ses propres expériences.

La dilution joue un rôle important dans le mélange des couleurs. Les rectangles de couleur figurant aux pages suivantes ont été créés à partir de tubes d'aquarelle pour artistes, de bonne qualité, diluée à l'eau pour obtenir une consistance fluide et homogène. C'est ce qu'on appelle un mélange ou une dilution « standard ». Les couleurs n'ayant pas toutes le même pouvoir couvrant, certaines doivent être plus diluées que d'autres et il faut procéder à plusieurs essais pour déterminer la quantité d'eau nécessaire à tel mélange.

Dilution ou mélange faible (avec beaucoup d'eau)

Dilution standard

Dilution forte (avec peu d'eau)

Les mélanges de couleurs figurant dans ce livre sont accompagnés des proportions des couleurs entrant dans leur composition, exprimées en nombre de parts. Les combinaisons de couleurs sont créées à partir d'une dilution standard de deux couleurs. On peut ensuite utiliser ces nouvelles couleurs en dilution faible, standard ou forte selon les besoins. Une dilution ou un mélange faible contient plus d'eau qu'une dilution standard. Une dilution forte, qui en contient moins, donne un résultat plus opaque.

Dans de nombreux cas, les rectangles colorés montrent que le mélange de deux couleurs en crée une troisième : le bleu ajouté au brun par exemple donne peu à peu du gris. On constate aussi l'effet tacheté ou granulé qui résulte du mélange de deux couleurs. On découvrira que certaines couleurs se combinent volontiers entre elles et donnent de bons lavis uniformes, tandis que d'autres se refusent à un mélange homogène et ont même tendance à se séparer après application. On pourrait envisager d'éviter ces couleurs-là mais c'est précisément leur emploi qui donne à l'aquarelle sa spécificité.

Les photographies de natures mortes proposent à l'aquarelliste différents sujets. Pour chaque composition, les couleurs principales sont étudiées avec indication des teintes servant à les obtenir et dont les proportions sont précisées à chaque fois dans un schéma de répartition. Pour continuer à s'exercer, il suffit de choisir une photo en couleur dans un magazine et d'accorder les couleurs de la même façon.

Si vous basez vos mélanges sur ceux de ce livre, peut-être n'obtiendrez-vous pas exactement les mêmes couleurs, pour diverses raisons : la différence de fabrication ou de qualité de l'aquarelle utilisée, la nature du papier choisi ou même le type d'éclairage sous lequel on procède à la comparaison. Les rectangles de couleur proposés doivent toutefois vous satisfaire pleinement en vous guidant vers les résultats escomptés.

On peut créer une variété infinie de couleurs à partir de la plus simple palette.

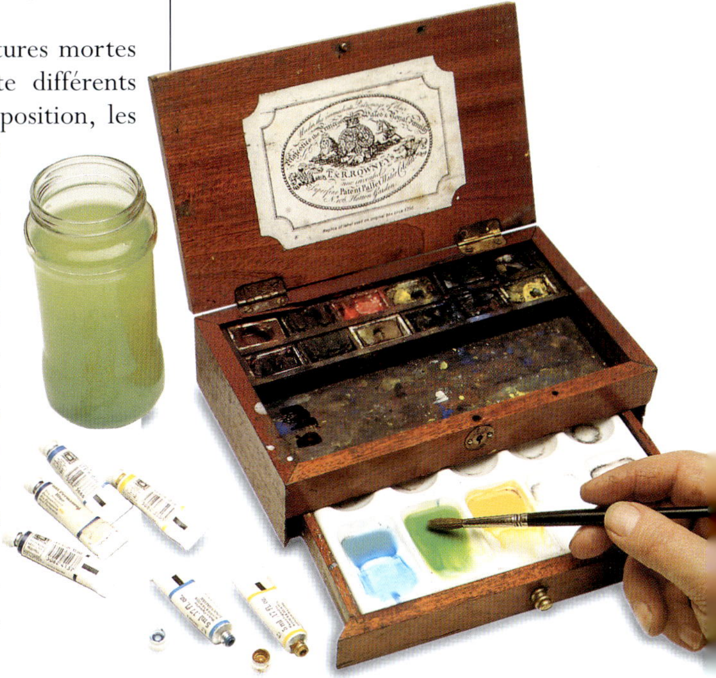

VOCABULAIRE ET THÉORIE DES COULEURS

Avant de commencer à mélanger les couleurs, il est bon d'avoir une idée des grands principes qui les régissent et de se familiariser avec quelques termes descriptifs courants. Il est utile de connaître les rapports entre les couleurs et de savoir comment les manipuler. Trois critères caractérisent les couleurs achetées dans le commerce ou obtenues par mélange.

LA COULEUR

Une peinture est identifiée par sa teinte, c'est-à-dire la couleur elle-même : rouge, gris, vert, brun, etc.

LA TONALITÉ

C'est le degré de luminosité d'une couleur. Le jaune est en général un ton clair, le noir un ton foncé. On peut éclaircir la tonalité (ou valeur) d'une couleur en ajoutant du blanc de Chine ou, plus couramment, un complément d'eau.

On peut éclaircir toutes les couleurs en ajoutant de l'eau, comme on le voit ci-dessus.

L'INTENSITÉ

Les couleurs vives sont dites d'intensité forte, tandis que d'autres, comme la plupart des bruns et des gris, sont généralement de faible intensité. On peut atténuer l'intensité – ou degré de saturation – d'une couleur en ajoutant une petite quantité de noir ou de la couleur complémentaire.

Une couleur peut être caractérisée par son intensité. L'orange a une forte intensité, le brun une faible intensité.

COULEURS CHAUDES ET FROIDES

Presque toutes les couleurs peuvent être dites chaudes ou froides. Mais certaines couleurs ont leur propre échelle de température. Il existe par exemple des bleus chauds et des bleus froids.

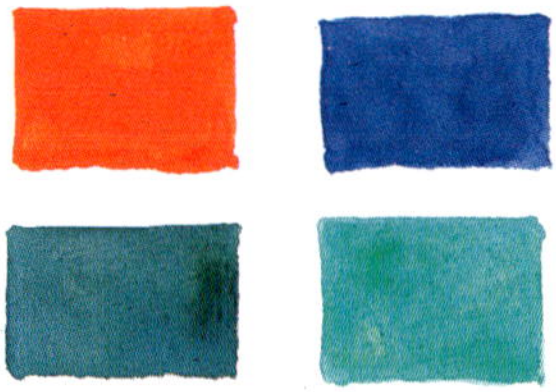

Le rouge est chaud et le bleu est froid mais les bleus peuvent également se définir par leur degré de chaleur.

LE CERCLE CHROMATIQUE

Il met en évidence les rapports entre les couleurs de base. Le rouge est en face du vert, ce qui signifie qu'il est la couleur complémentaire du vert. De même que le violet est la complémentaire du jaune. Les couleurs se trouvant les unes à côté des autres sur le cercle chromatique sont appelées couleurs juxtaposées. Le rouge et l'orange sont des couleurs juxtaposées, de même que le vert et le jaune.

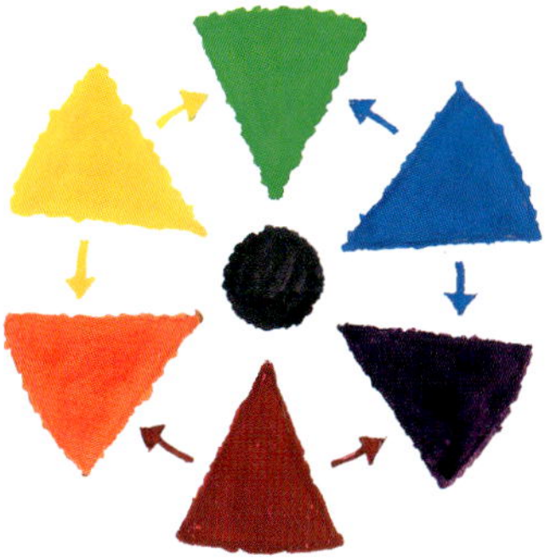

On voit ici comment les couleurs primaires se mélangent pour créer les couleurs secondaires. Le mélange de toutes les couleurs donne une couleur neutre foncée (au centre).

LES COULEURS PRIMAIRES

Les couleurs primaires sont le rouge, le bleu et le jaune. On ne peut pas les obtenir par mélange mais elles servent à créer les autres couleurs.

LES COULEURS SECONDAIRES

Elles résultent du mélange de deux couleurs primaires. Si l'on regarde le cercle chromatique, on voit que le rouge et le jaune donnent l'orange, le bleu et le jaune donnent le vert et le rouge et le bleu donnent le violet.

LES COULEURS NEUTRES

Le noir, le blanc et le gris sont des couleurs dites neutres mais elles contiennent souvent une pointe d'une autre couleur – il existe par exemple un gris verdâtre ou un noir rougeâtre chaud.

Les noirs, les gris et le blanc sont des couleurs dites neutres. Certaines couleurs neutres contiennent parfois une pointe de couleur – un gris verdâtre ou un noir rougeâtre par exemple.

On peut neutraliser peu à peu n'importe quelle teinte en ajoutant de plus en plus de noir ou de couleur complémentaire (voir le cercle chromatique).

L'EAU DANS LES MÉLANGES DE COULEURS

Les couleurs que l'on crée en peignant sont bien sûr déterminées par les pigments utilisés, mais l'eau est également une composante importante dans le mélange. Le registre d'une couleur peut être étendu de la tonalité la plus foncée à la plus claire par une simple addition d'eau.

Appliqué sur le papier, un mélange faible, riche en eau, laissera transparaître le blanc du papier. Les mélanges d'aquarelle assez forts ne seront jamais totalement opaques mais on peut obtenir des couleurs soutenues sur ses tableaux en superposant deux ou trois couleurs ou même davantage. Il faut toujours laisser sécher une couche avant d'appliquer la suivante. On évitera d'utiliser une couleur trop concentrée, avec une quantité d'eau infime, car dans ce cas le tableau ne ressemblerait pas à une aquarelle et les pigments pourraient former une surface brillante déplaisante.

LES COULEURS TRANSLUCIDES

L'aquarelle doit avant tout sa beauté à la délicatesse des lavis superposés. C'est grâce à cette translucidité que les couleurs peuvent être créées sur le papier et non sur la palette. Peignez par exemple une petite zone en bleu clair, laissez-la sécher puis superposez un jaune. Le chevauchement des deux couleurs produira un vert délicat.

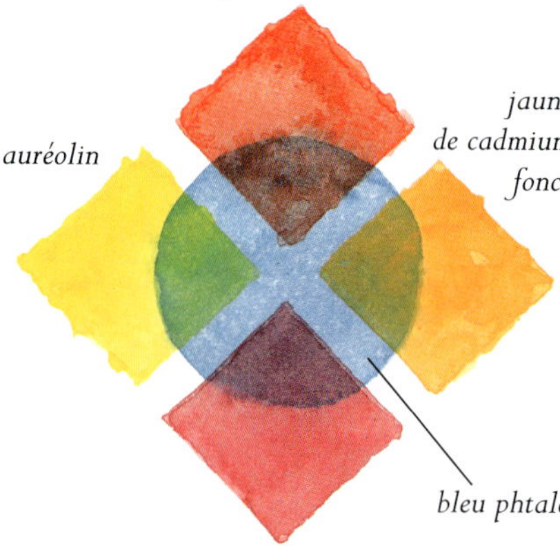

Notez comment les couleurs superposées donnent une teinte différente.

Certains peintres exploitent cette propriété de l'aquarelle pour créer des œuvres d'une grande beauté qui rappellent le vitrail. Si vous décidez d'utiliser ce procédé, il est important de mélanger vos couleurs avec de grandes quantités d'eau.

LA GRANULATION

On peut exécuter à l'aquarelle de beaux lavis, extrêmement réguliers, mais il arrive parfois qu'un pigment se précipite ou se sépare, notamment quand le lavis est riche en eau. Il en résulte une texture irrégulière, mouchetée, parfois très intéressante. Ce phénomène risque de se produire avec le bleu de céruléum, le bleu outremer, le terre d'ombre brûlée, le vermillon, le terre d'ombre naturelle et l'ocre jaune.

La surface fragmentée de ce lavis est typique de la granulation. Mélangées à de grandes quantités d'eau, certaines couleurs auront ce genre de réaction.

AJOUTER DE L'EAU

L'aquarelle peut produire des plages chromatiques pures parfaitement homogènes et uniformes, d'une beauté particulière, mais de merveilleux effets sont également possibles en ajoutant de l'eau pure à une surface

Les coulures de ce type peuvent être une bénédiction ou un fléau. Ces marques donnent souvent aux aquarelles un côté libre et spontané que ne possède aucun autre procédé.

peinte encore humide. On fragmente ainsi l'aquarelle pour créer une gradation d'effets chromatiques. Le résultat est toujours imprévisible mais c'est ce qui donne au procédé de l'aquarelle son charme particulier.

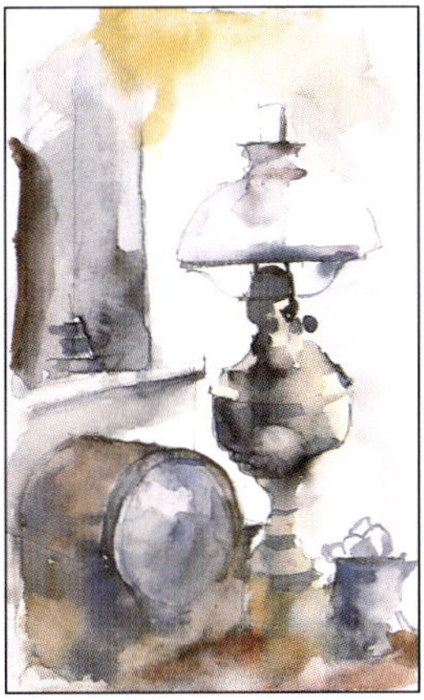

Les effets d'eau involontaires créent souvent de merveilleuses images.

Créer les Jaunes

COULEURS CHAUDES ET FROIDES

Le jaune est une des couleurs les plus claires de la palette et c'est la plus facile à modifier. Une pointe de bleu suffit à le changer en vert et il est en général facile de transformer le jaune en orange en ajoutant un soupçon de rouge.

On obtient de nombreux jaunes délicats, soit en mélangeant deux jaunes, soit en mélangeant un jaune avec une couleur juxtaposée ou complémentaire. Mais comme les jaunes sont en général très fragiles, il faut veiller, quand on ajoute les autres couleurs, à ce que la tonalité jaune ne disparaisse pas totalement. Si l'on ajoute plus de 10 % d'une autre couleur, le jaune est souvent modifié au point qu'il en perd sa couleur.

Les jaunes verdâtres sont dits froids et les jaune-orangé sont dits chauds comme l'illustrent les mélanges ci-contre.

Les quantités de couleur à mélanger sont indiquées en parts de peinture.

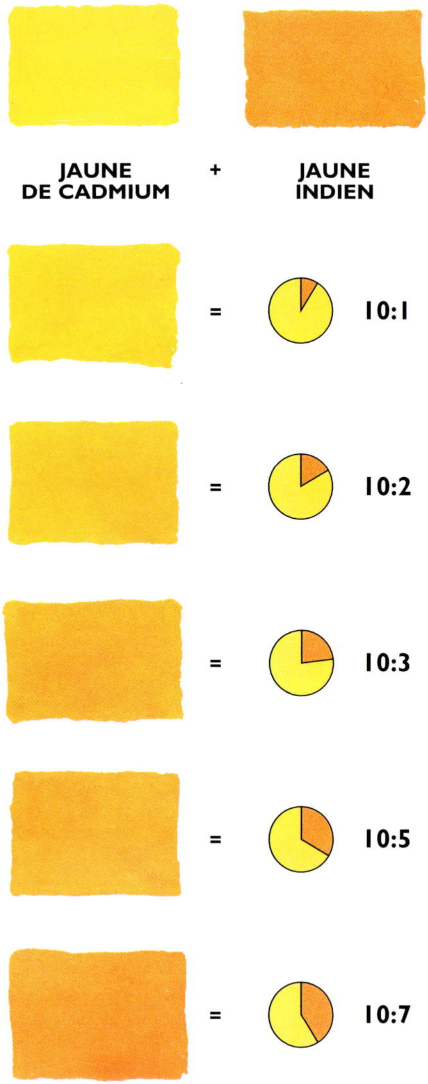

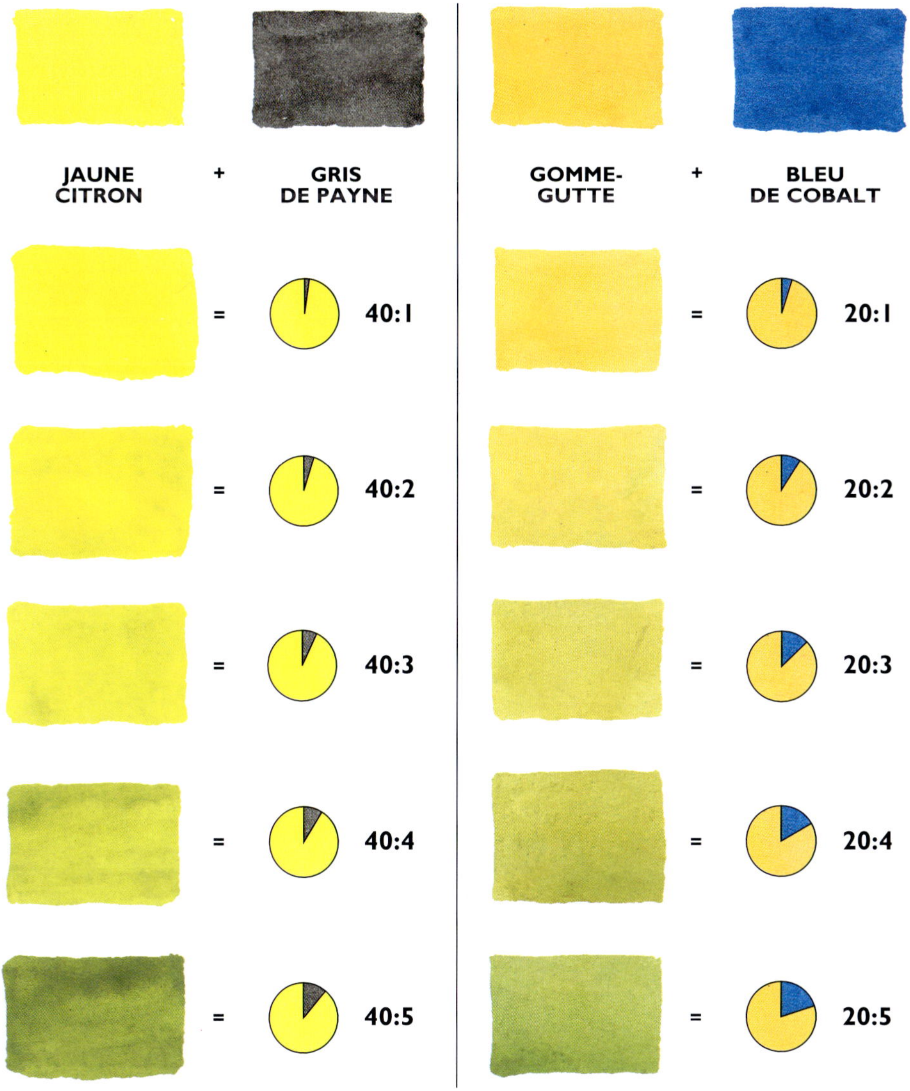
JAUNE CITRON
+
GRIS DE PAYNE
GOMME-GUTTE
+
BLEU DE COBALT
=
40:1
40:2
40:3
40:4
40:5
20:1
20:2
20:3
20:4
20:5

Une Nature morte jaune à l'arrosoir

Les jaunes de cette nature morte sont assez surprenants. Certains sont à la fois plus foncés et plus orangés qu'on ne l'imagine. En fait, les jaunes de l'ombre de la cruche, du melon et du citron sont plutôt « brunâtres ».

13 jaune de cadmium citron
4 jaune de cadmium foncé
1 bleu outremer
2 rouge de cadmium
dilution standard

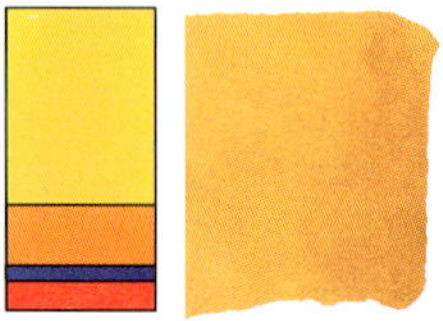

17 gomme-gutte
3 bleu phtalo
dilution faible

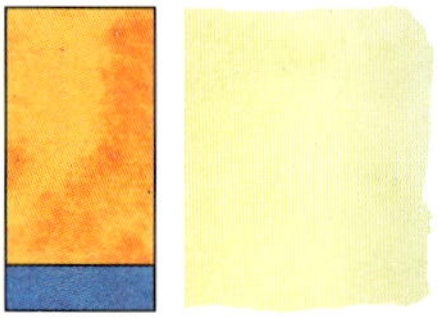

11 jaune citron
2 orange de cadmium
3 terre d'ombre brûlée
4 jaune de Naples
dilution standard

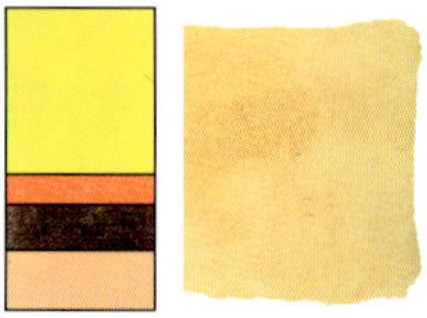

12 auréolin
3 indigo
4 vermillon
1 jaune de cadmium foncé
dilution standard

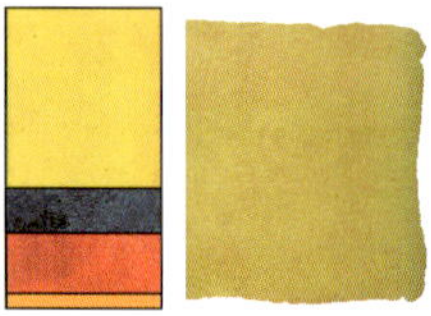

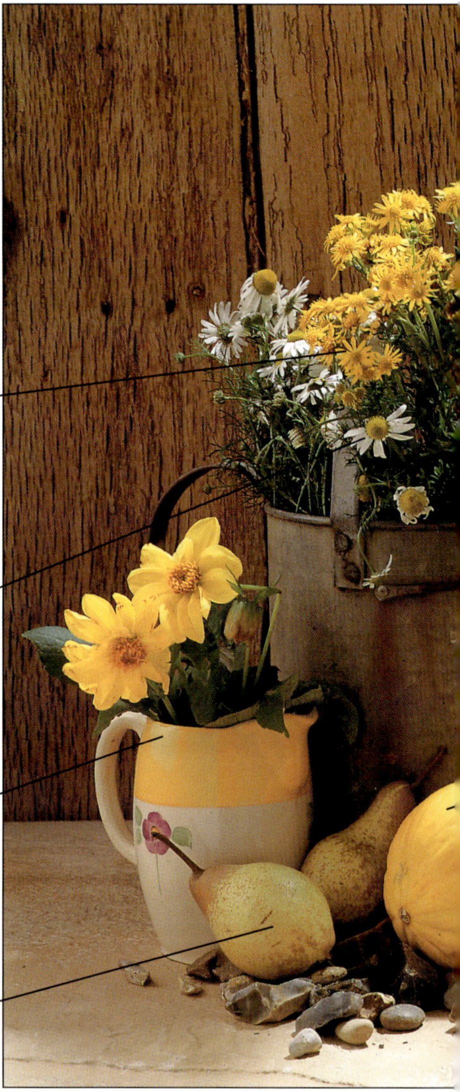

En modifiant les proportions des couleurs dans un mélange de jaune, on change la nuance alors qu'en augmentant ou en diminuant la quantité d'eau utilisée, on affecte la valeur ou tonalité.

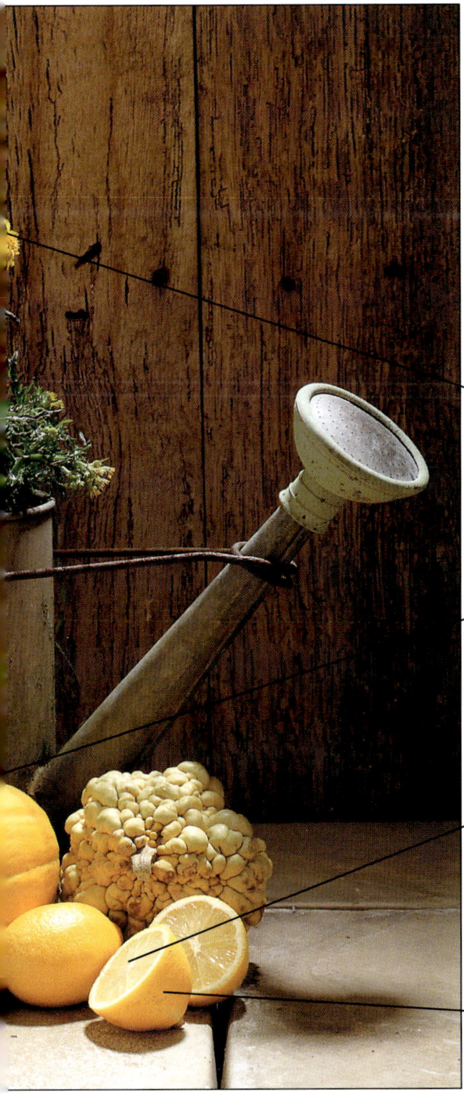

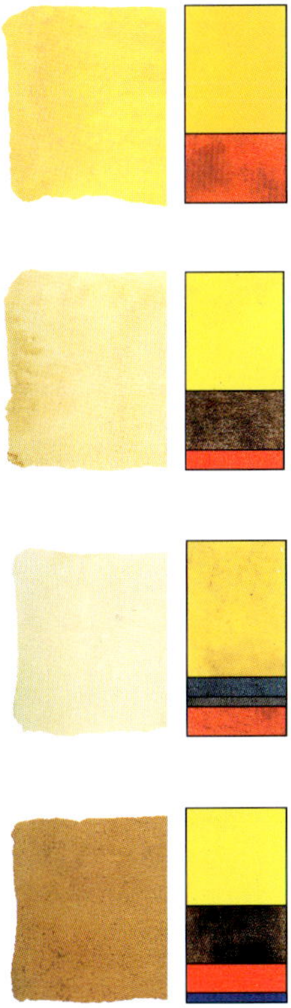

13 jaune de cadmium citron
7 vermillon
dilution faible

12 jaune citron
6 terre d'ombre brûlée
2 rouge de cadmium
dilution très faible

14 auréolin
2 indigo
1 gris de Payne
3 vermillon
dilution très faible

10 jaune citron
6 terre d'ombre brûlée
3 rouge de cadmium
1 bleu outremer
dilution standard

Créer les oranges

Il n'existe pas de version froide de l'orange. Un orange froid sera plutôt un brun alors qu'un véritable orange sera soit rouge-orangé soit jaune-orangé.

LE ROUGE-ORANGÉ

Les rouge-orangé peuvent être créés à partir de rouges chauds ou froids et d'une gamme étendue de jaunes mais l'orange le plus soutenu et le plus intense est fait de rouge chaud et de jaune – par exemple le vermillon et le jaune de cadmium. Le rouge étant la dominante du mélange, il est en général préférable d'ajouter le rouge au jaune. En ajoutant davantage de rouge, on obtient naturellement un orange plus rouge.

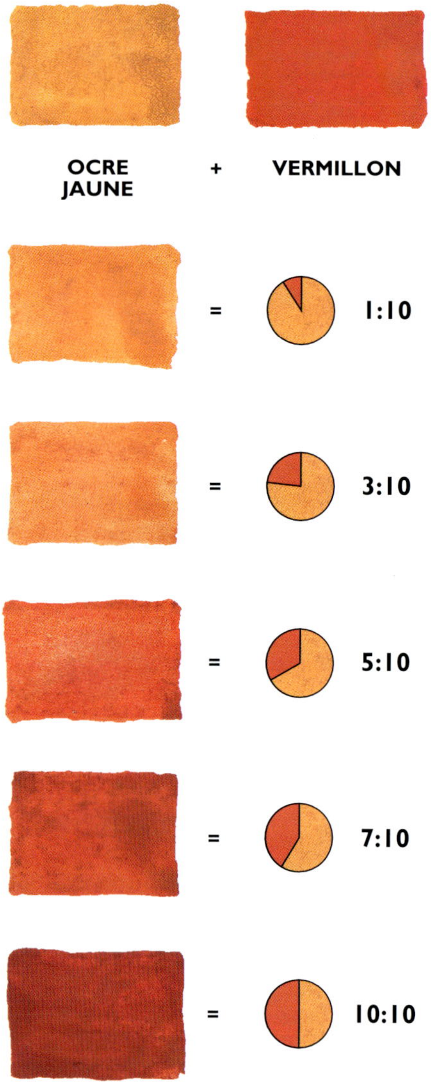

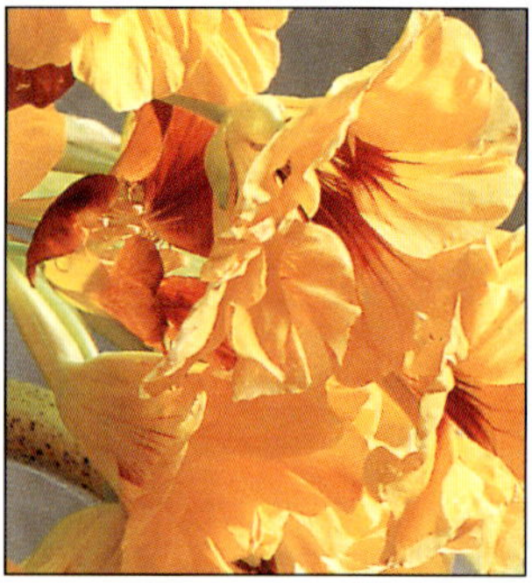

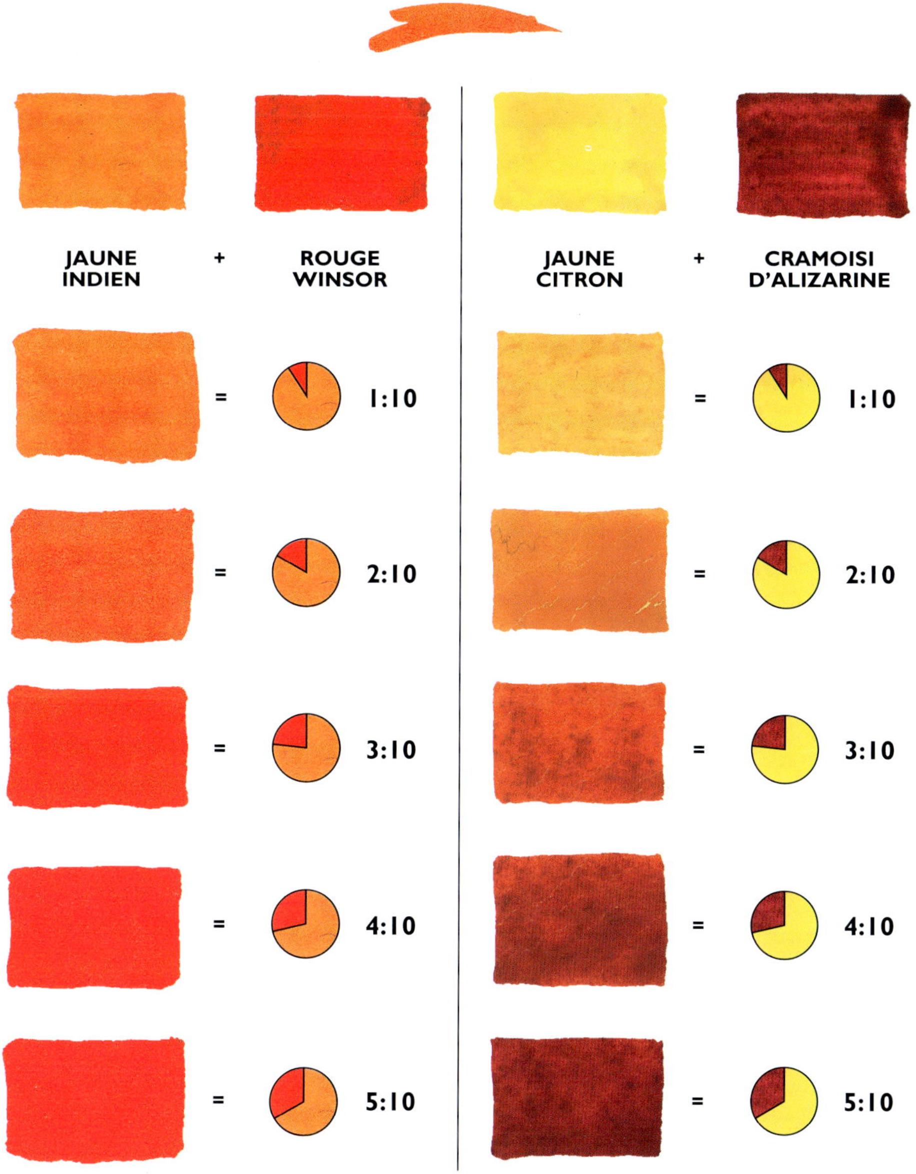
JAUNE INDIEN + ROUGE WINSOR
JAUNE CITRON + CRAMOISI D'ALIZARINE
= 1:10
= 2:10
= 3:10
= 4:10
= 5:10
= 1:10
= 2:10
= 3:10
= 4:10
= 5:10

Créer les Oranges

LE JAUNE-ORANGÉ

On peut acheter dans le commerce des jaune-orangé comme l'orange de cadmium, mais cette couleur étant très facile à créer, les aquarellistes l'excluent souvent de leur palette. Le jaune-orangé le plus intense est obtenu à partir d'un jaune chaud comme le jaune de cadmium foncé et d'une pointe de rouge chaud. Veillez à ce que le pinceau et la surface utilisée pour mélanger soient bien propres, sinon la couleur se dégradera vite et perdra son intensité.

On peut créer un jaune-orangé plus doux en partant d'un jaune froid, comme le jaune citron.

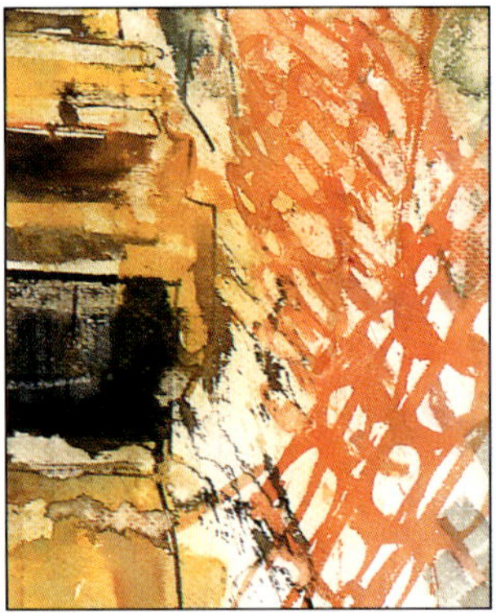

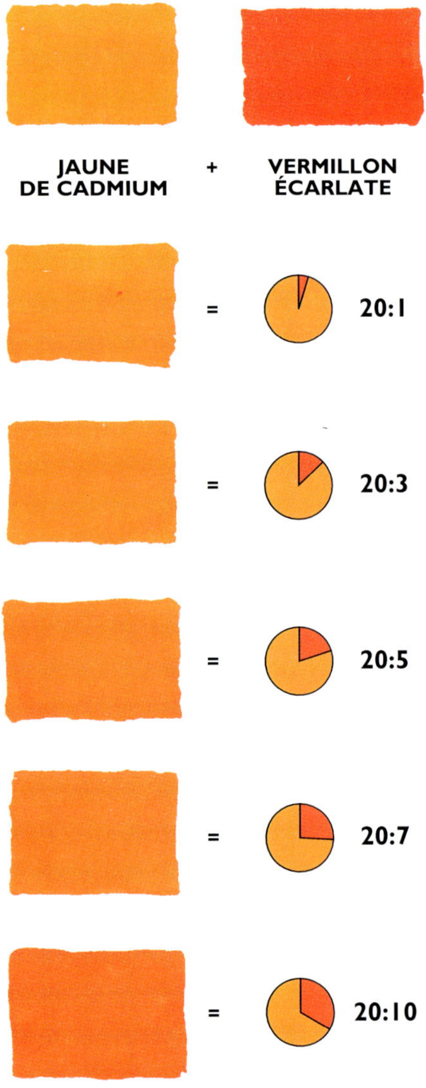

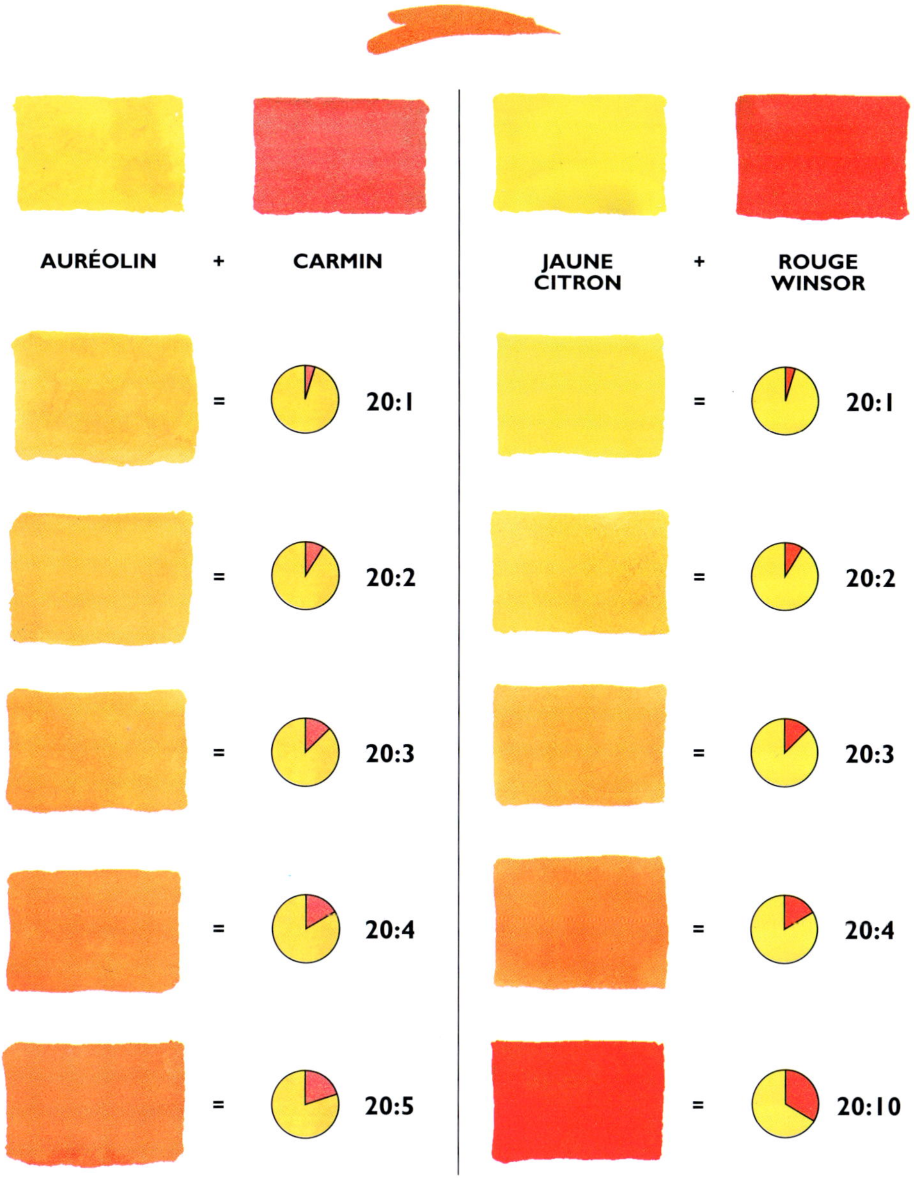
AURÉOLIN
+
CARMIN
JAUNE CITRON
+
ROUGE WINSOR
=
20:1
=
20:1
=
20:2
=
20:2
=
20:3
=
20:3
=
20:4
=
20:4
=
20:5
=
20:10

Une Nature Morte Orange aux Fruits

Sur cette photo, les différents tons d'orange sont légèrement plus ternes et plus foncés qu'on pourrait l'imaginer.
Pour le vérifier, découpez dans un morceau de papier blanc un petit carré de 4 mm de côtés. Posez le papier sur la photo, la fenêtre coïn-

18 ocre jaune
2 rouge de cadmium
pointe de gris de Payne
dilution faible

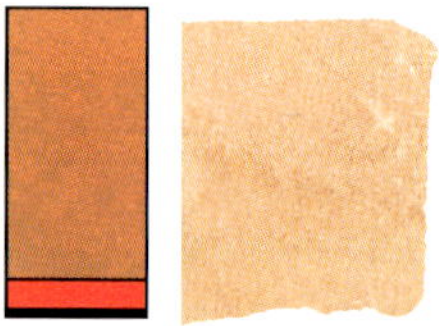

14 jaune de cadmium foncé
6 rouge de cadmium
dilution faible

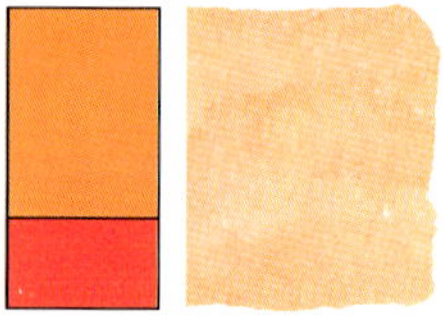

14 orange de cadmium
5 terre d'ombre brûlée
1 jaune de cadmium foncé
dilution standard

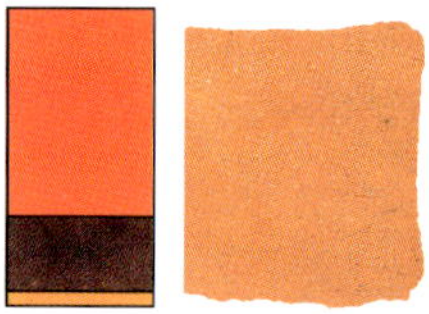

12 carmin
8 jaune de cadmium foncé
dilution standard

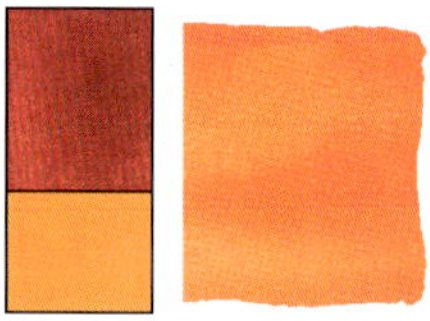

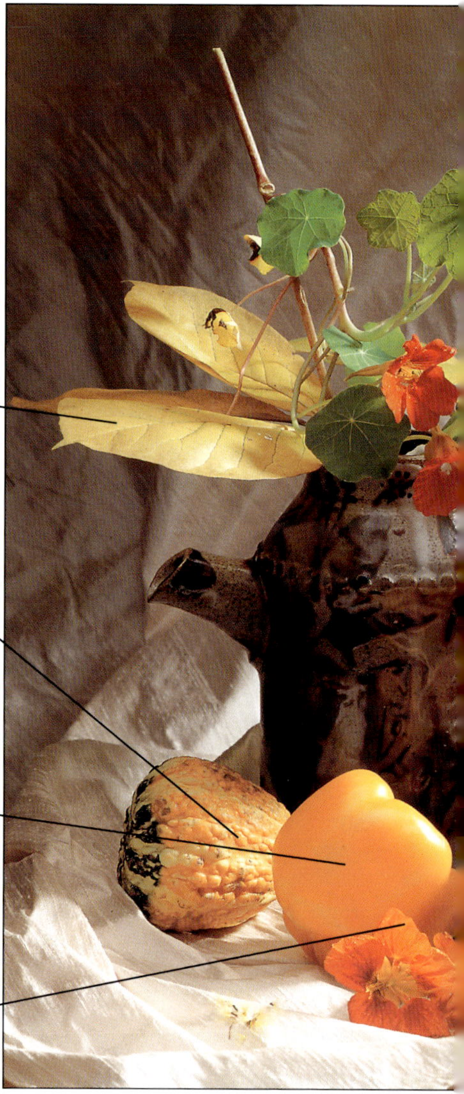

cidant avec le côté ombré d'une des oranges du panier. Vous verrez que la couleur est plus proche du brun que de l'orange.

Pour faire un tableau à partir de ce sujet, il faut ajuster légèrement les teintes orange pour que les couleurs s'accordent harmonieusement.

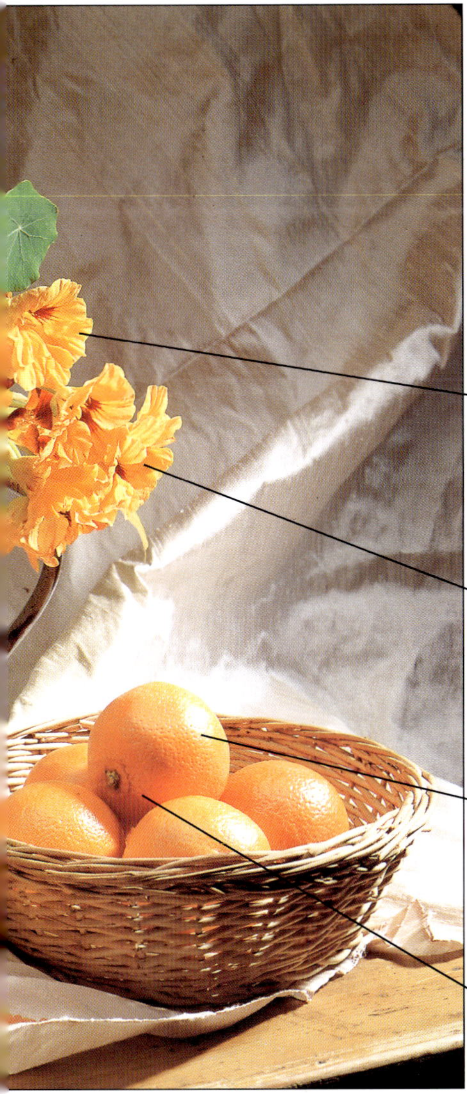

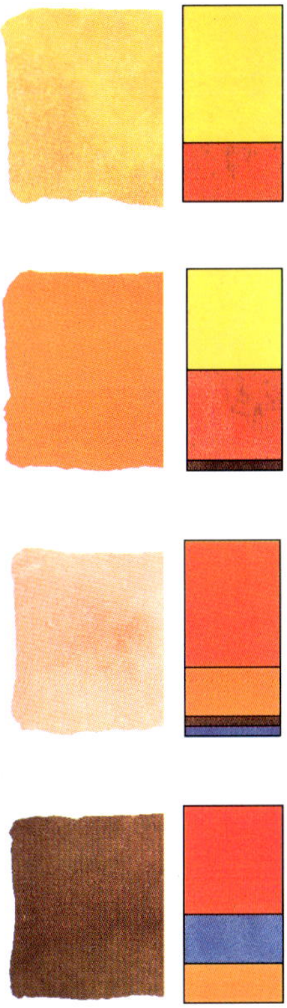

14 jaune de cadmium citron
6 vermillon
dilution standard

10 jaune de cadmium citron
9 vermillon
1 terre d'ombre brûlée
dilution standard

13 orange de cadmium
5 jaune de cadmium foncé
1 terre d'ombre brûlée
1 bleu outremer
dilution faible

11 rouge de cadmium
5 bleu outremer
4 jaune de cadmium foncé
dilution forte

TABLEAUX EN JAUNE ET EN ORANGE

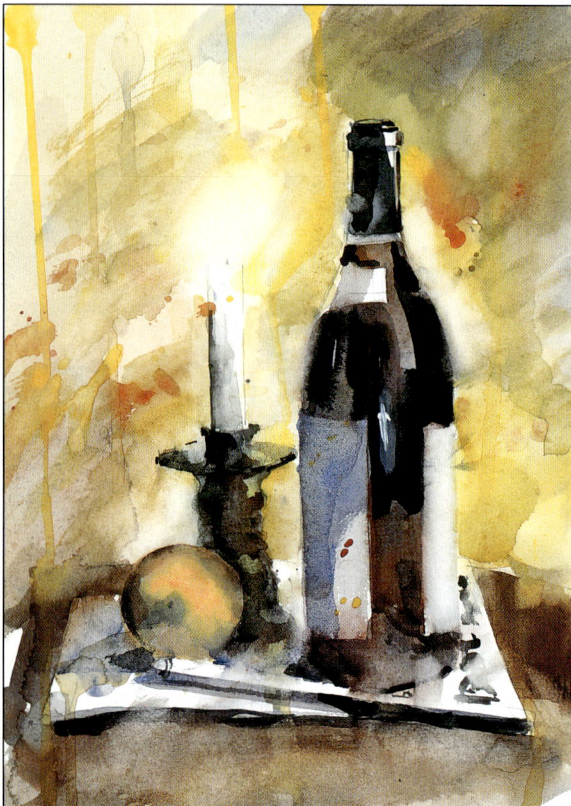

Les tournesols de ce tableau d'Elizabeth Harden sont d'un jaune chaud, presque orange. La plupart des feuilles étant jaunes avec un soupçon de vert, leur couleur s'harmonise à celle des fleurs. Notez que les couleurs sont rigoureusement contrôlées : le jaune peut être très intense mais l'artiste a très légèrement neutralisé les couleurs pour qu'elles ne soient pas trop criardes.

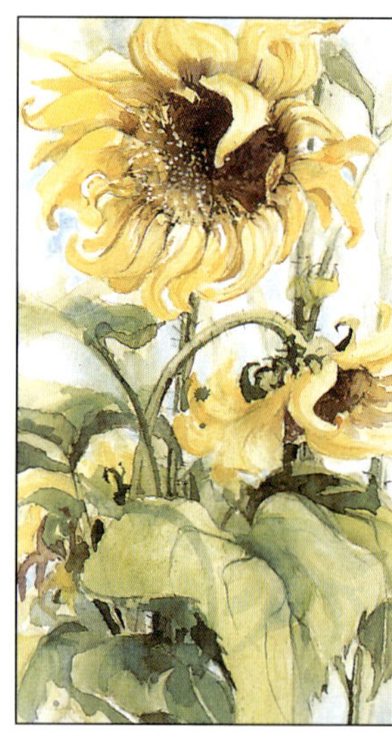

Le fond de ce tableau est peint avec plusieurs jaunes : ocre jaune, jaune de cadmium, jaune citron et auréolin. Les couleurs ont été mélangées sur le papier avec beaucoup de rouge de cadmium et de bleu outremer. Le résultat est chaotique mais ce mode de travail permet d'obtenir des effets artistiques intéressants. (John Lidzey)

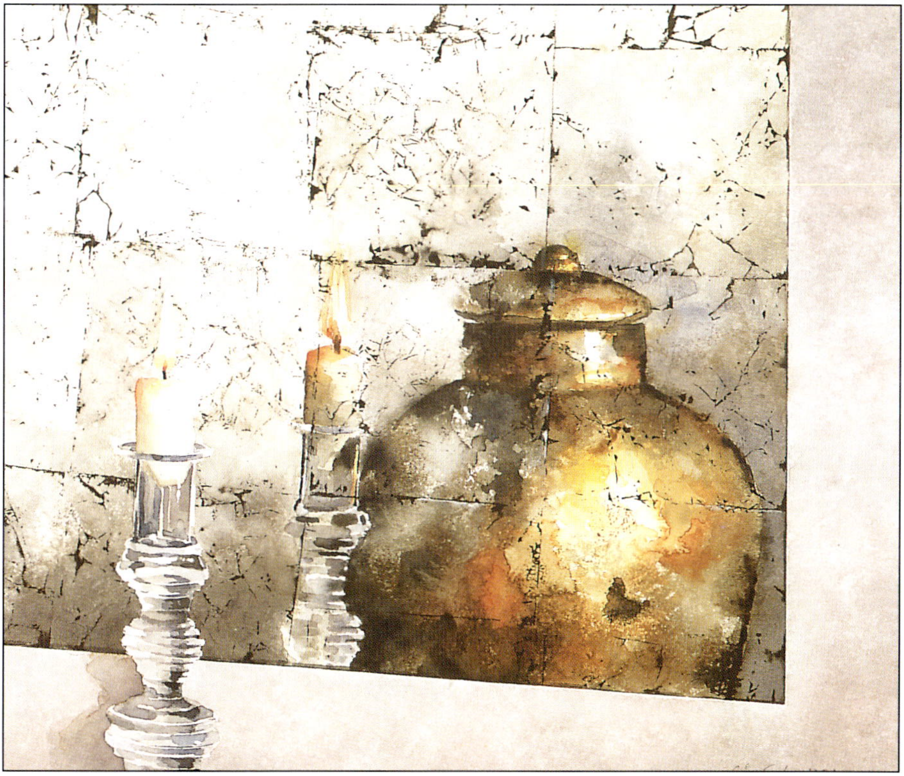

Ce mystérieux tableau de Crin Gale utilise très habilement les rouge-orangé et les jaune-orangé intenses qui se détachent sur des teintes beaucoup moins intenses. La gomme-gutte, le terre de Sienne naturelle et le terre d'ombre brûlée constituent la base des parties orange du vase de cuivre et l'eau a été soigneusement utilisée pour faire varier les valeurs tonales sur la surface.

Créer les Rouges

L'aquarelliste dispose de nombreux rouges en tubes et en godets mais il est très rare qu'une de ces couleurs du commerce utilisée seule convienne pour un tableau. Il faudra invariablement modifier la tonalité et, souvent, atténuer aussi son intensité en ajoutant une infime quantité de vert, couleur complémentaire du rouge.

Les rouges chauds

Un rouge chaud tirant sur l'orange, le jaune ajouté au rouge le réchauffera presque toujours. Même en ajoutant du jaune à un rouge froid comme le cramoisi d'alizarine, on obtiendra une couleur plus chaude bien que moins intense.

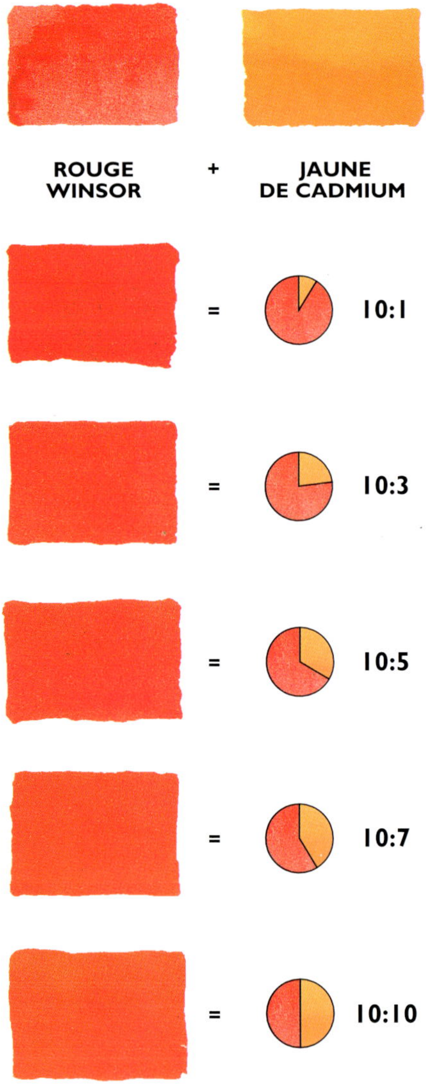

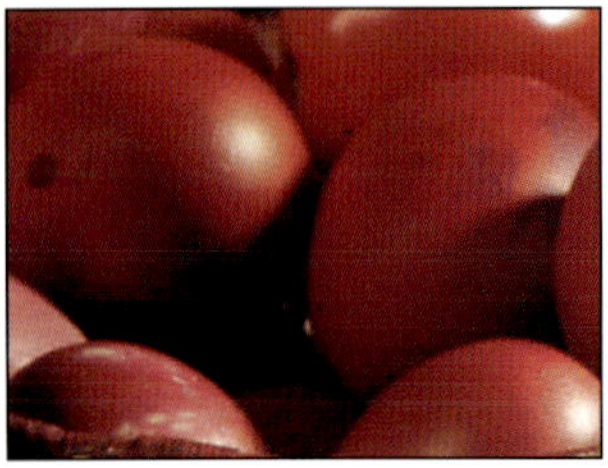

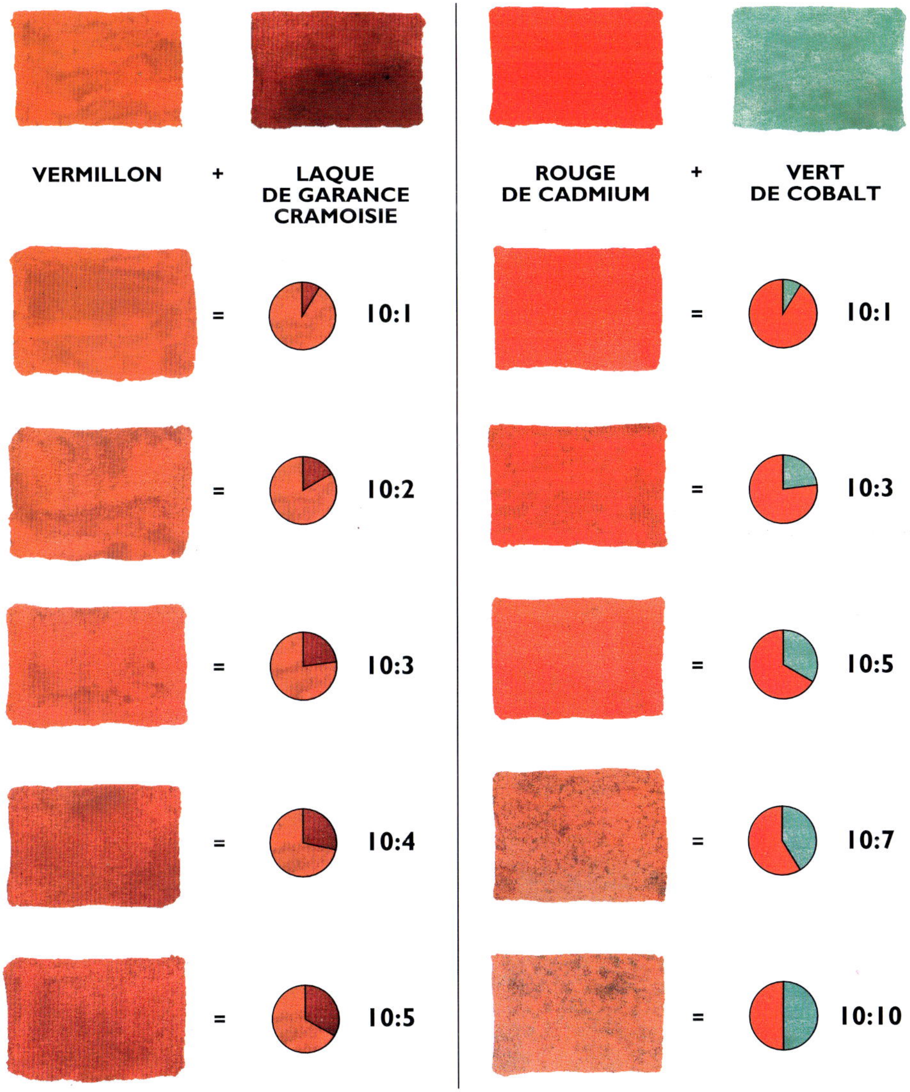
VERMILLON
+
LAQUE DE GARANCE CRAMOISIE
ROUGE DE CADMIUM
+
VERT DE COBALT
= 10:1
= 10:2
= 10:3
= 10:4
= 10:5
= 10:1
= 10:3
= 10:5
= 10:7
= 10:10

CRÉER LES ROUGES

LES ROUGES FROIDS

Le carmin est un exemple de rouge froid vendu dans le commerce, de même que le cramoisi d'alizarine et la laque de garance rose. Il est rarement possible de mélanger les bleus et les rouges chauds pour créer une teinte plus froide. Le bleu céruléum ajouté au rouge permanent par exemple donnera un rouge plus froid mais qui perdra son intensité et sera un peu trouble. D'autres mélanges de rouges chauds et de bleus donneront des teintes brunâtres ou dégradées.

Les bleus mélangés aux rouges froids les refroidiront en général sans aucune perte d'intensité. Le carmin et l'outremer par exemple s'accordent bien. Notez l'intensité de la laque écarlate et la faiblesse relative du cramoisi d'alizarine.

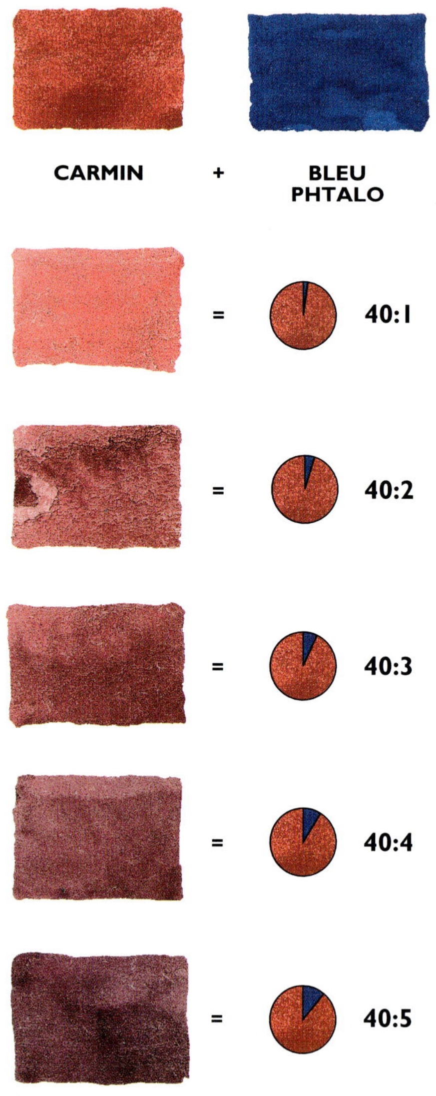

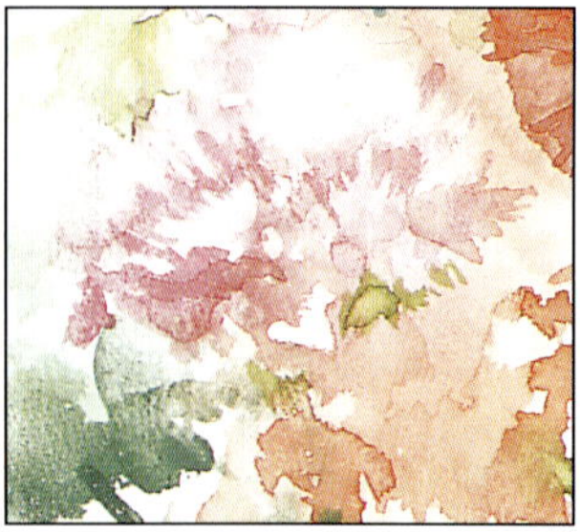

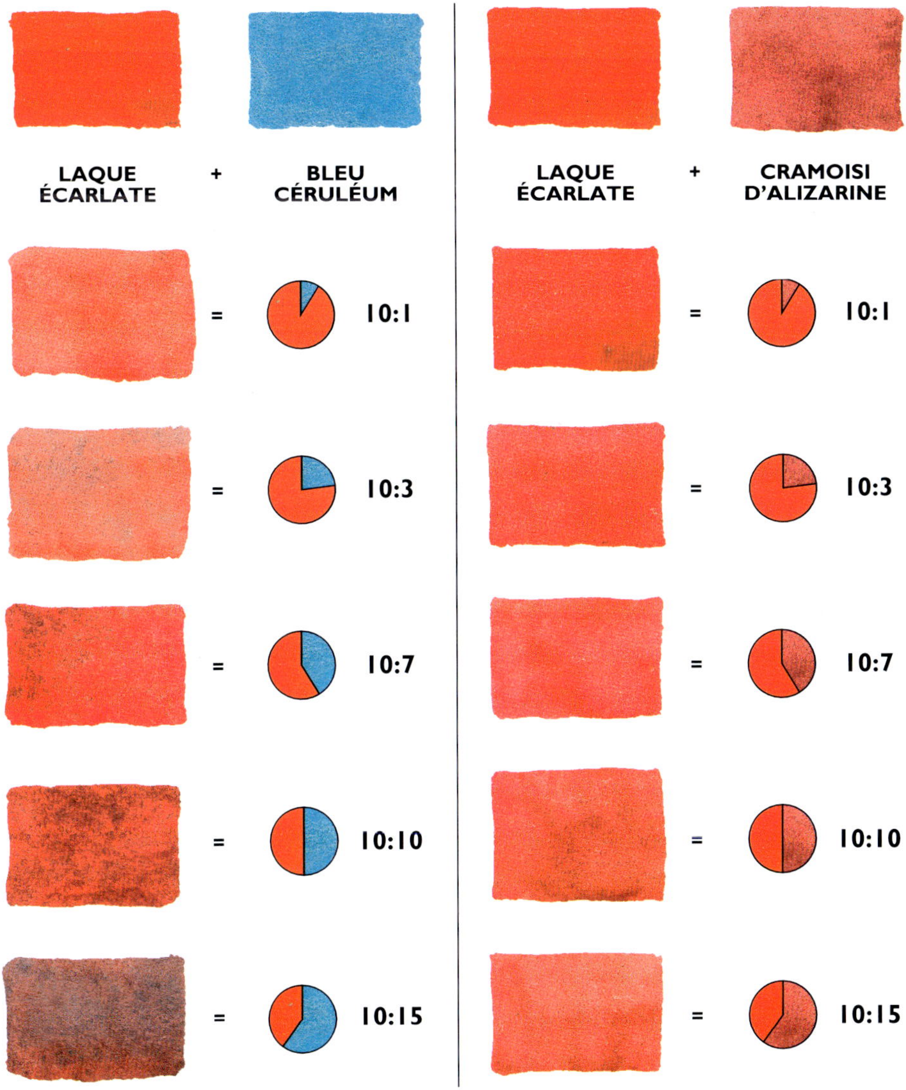
LAQUE ÉCARLATE
+
BLEU CÉRULÉUM
=
10:1
=
10:3
=
10:7
=
10:10
=
10:15
LAQUE ÉCARLATE
+
CRAMOISI D'ALIZARINE
=
10:1
=
10:3
=
10:7
=
10:10
=
10:15

Une Nature Morte Rouge aux Livres

À première vue, la gamme des rouges semble assez limitée dans cette composition mais un examen minutieux révèle qu'elle s'étend du rouge violacé, sur la capsule de la bouteille, au rouge-orangé, sur certaines parties du panier. Certains rouges sont identiques - les œufs dans le panier et les

18 laque écarlate
1 bleu phtalo
1 gris de Payne
mélange standard

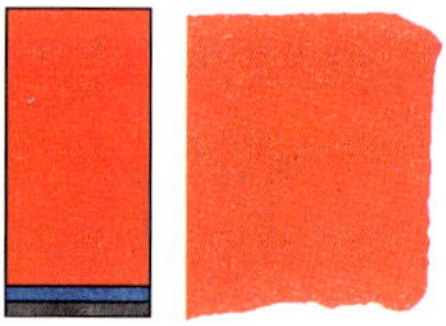

10 garance pourpre
10 rouge de cadmium
mélange fort

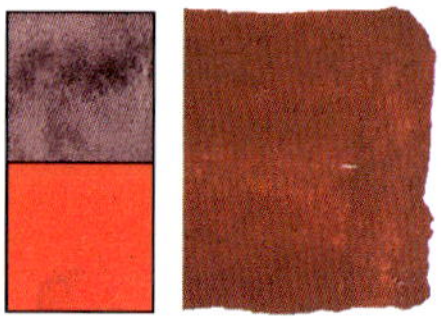

16 cramoisi d'alizarine
2 vermillon
2 bleu Winsor
mélange standard

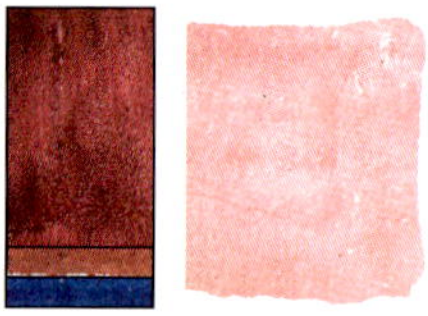

18 rouge Winsor
2 bleu outremer
mélange standard

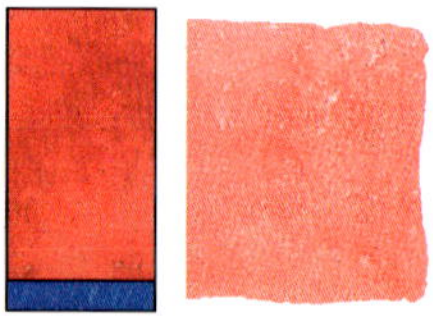

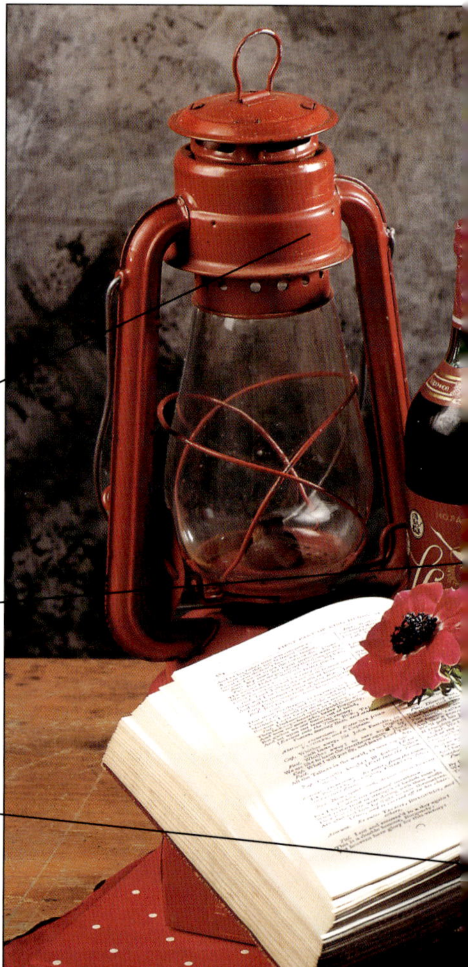

perles sur le livre par exemple. Essayez de les peindre avec un mélange de cramoisi d'alizarine et de rouge de cadmium.

Les zones foncées entre les œufs et dans les ombres sous le livre peuvent être peintes avec un noir rougeâtre soutenu mais le verre de la bouteille exige un noir bleuté plus froid.

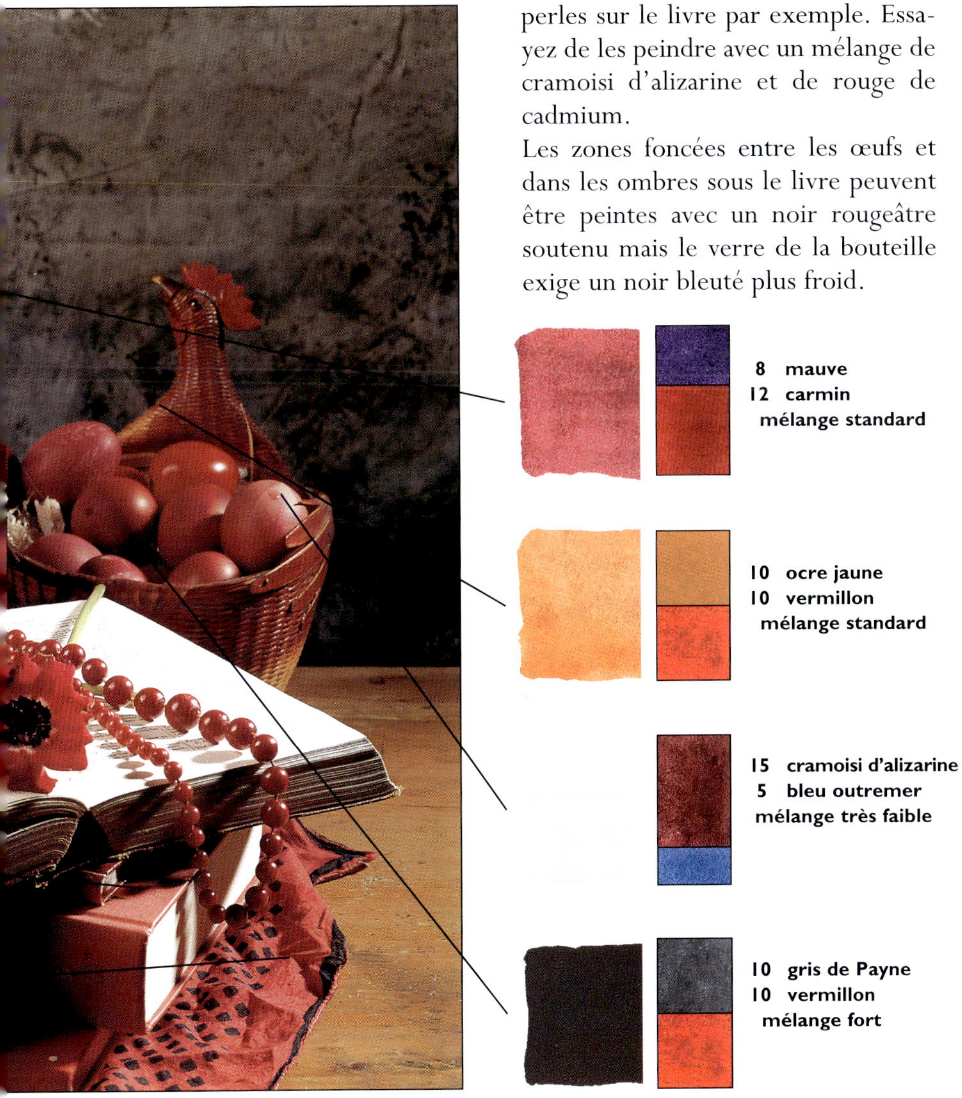

Tableaux en Rouge

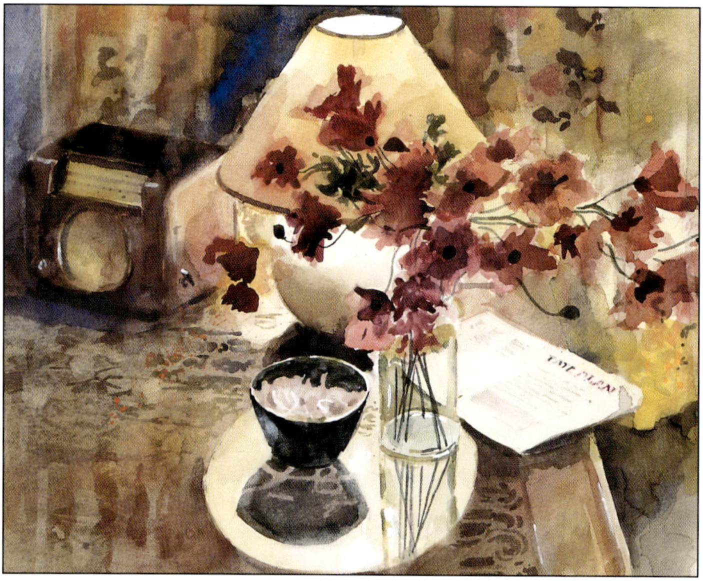

On peut créer des dégradés de rouge de très faible intensité et les combiner avec des couleurs plus lumineuses et plus pures. Ces coquelicots artificiels sont peints avec un mélange de carmin et d'indigo additionné de gris de Payne pour les centres très foncés. La table est peinte avec un mélange de carmin, de bleu outremer, d'ocre jaune et de gris de Payne. (John Lidzey)

Sur ce tableau d'Elizabeth Harden, on voit que la plupart des rouges tirent sur l'orange. Le vermillon et le rouge de cadmium par exemple sont des rouge-orangé chauds. On peut être tenté d'utiliser ces rouges tels quels, sans aucun mélange, mais le résultat sera souvent trop lumineux et éblouissant. Pensez à neutraliser légèrement vos rouges avec une couleur complémentaire ou diminuez leur intensité en les diluant à l'eau.

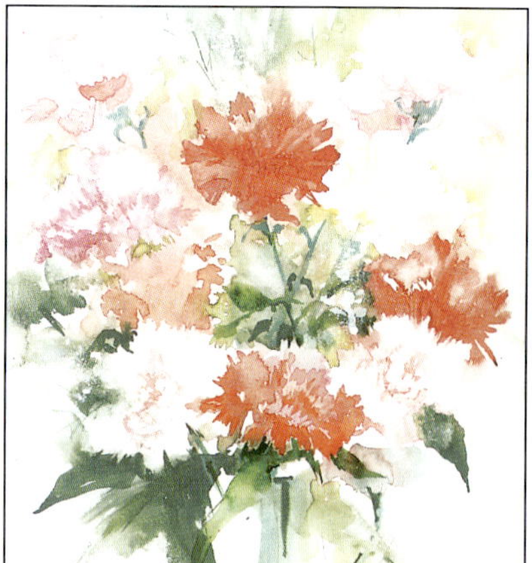

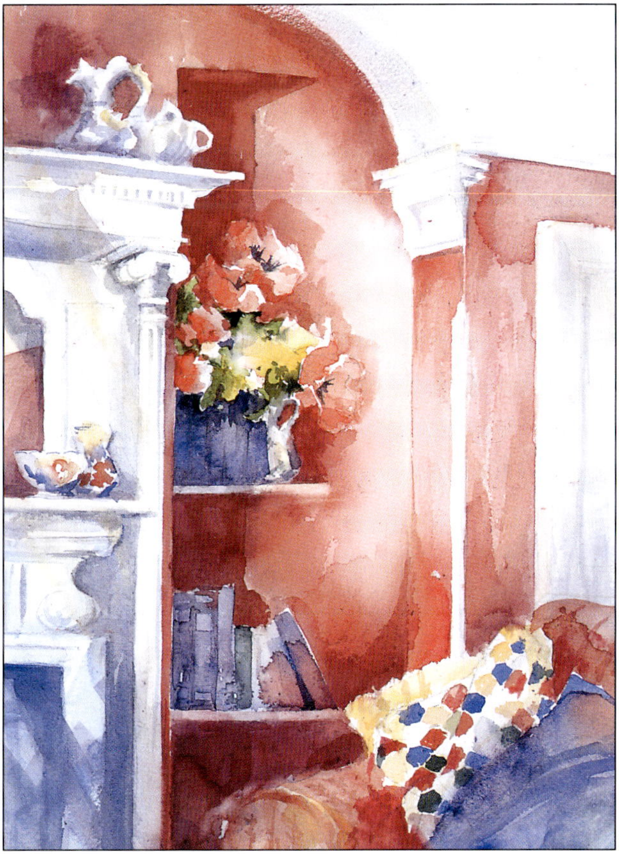

Pour ce tableau, Elizabeth Harden a utilisé de beaux rouges violacés froids qui se combinent aux violets délicats de la cheminée. En superposant les couleurs « mouillé sur sec », elle a créé toute une gamme d'effets de couleur et de ton. L'addition de bleu ou de violet au mélange a subtilement transformé le rouge du mur en violet profond sous l'étagère du bas.

Créer les violets

Le bleu combiné au rouge donne le violet. Si l'on veut un violet lumineux et intense, il vaut mieux en acheter un dans le commerce car les mélanges de rouges et de bleus manquent parfois d'intensité.

LES VIOLETS CHAUDS

Plus on ajoute de bleu au rouge, plus le violet devient froid. Le carmin, par exemple, additionné d'une pointe d'outremer donne un violet chaud mais qui devient plus froid à mesure qu'on ajoute du bleu. Les violets froids du commerce peuvent être réchauffés par adjonction de rouge – on peut par exemple réchauffer considérablement le mauve en ajoutant du cramoisi d'alizarine.

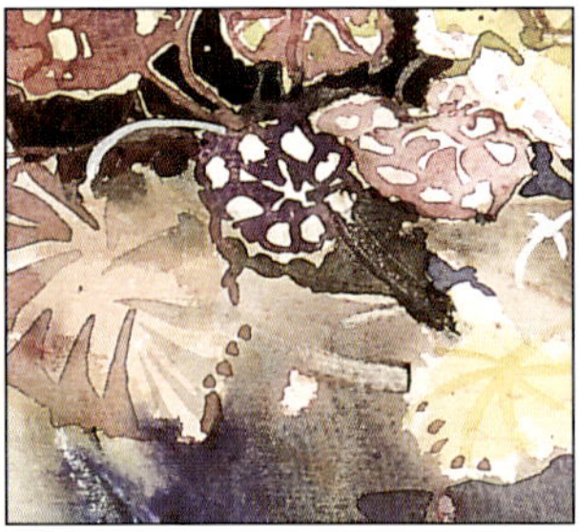

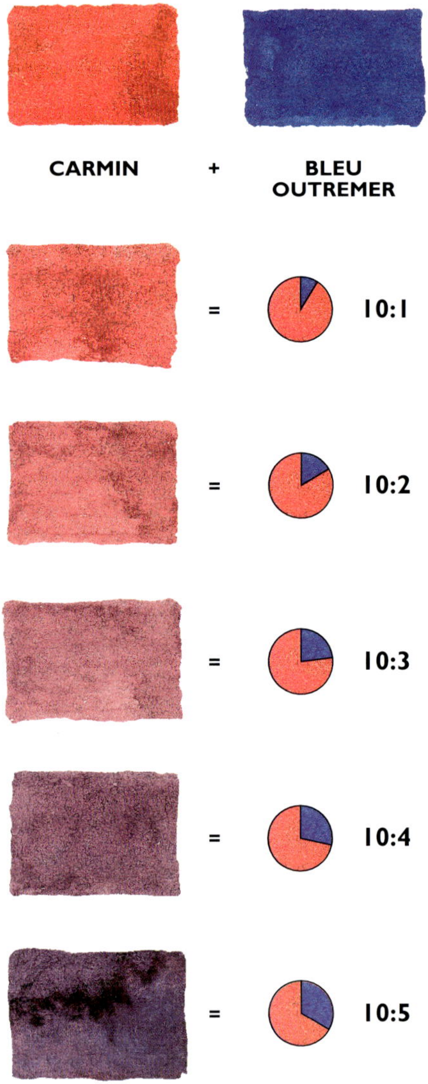

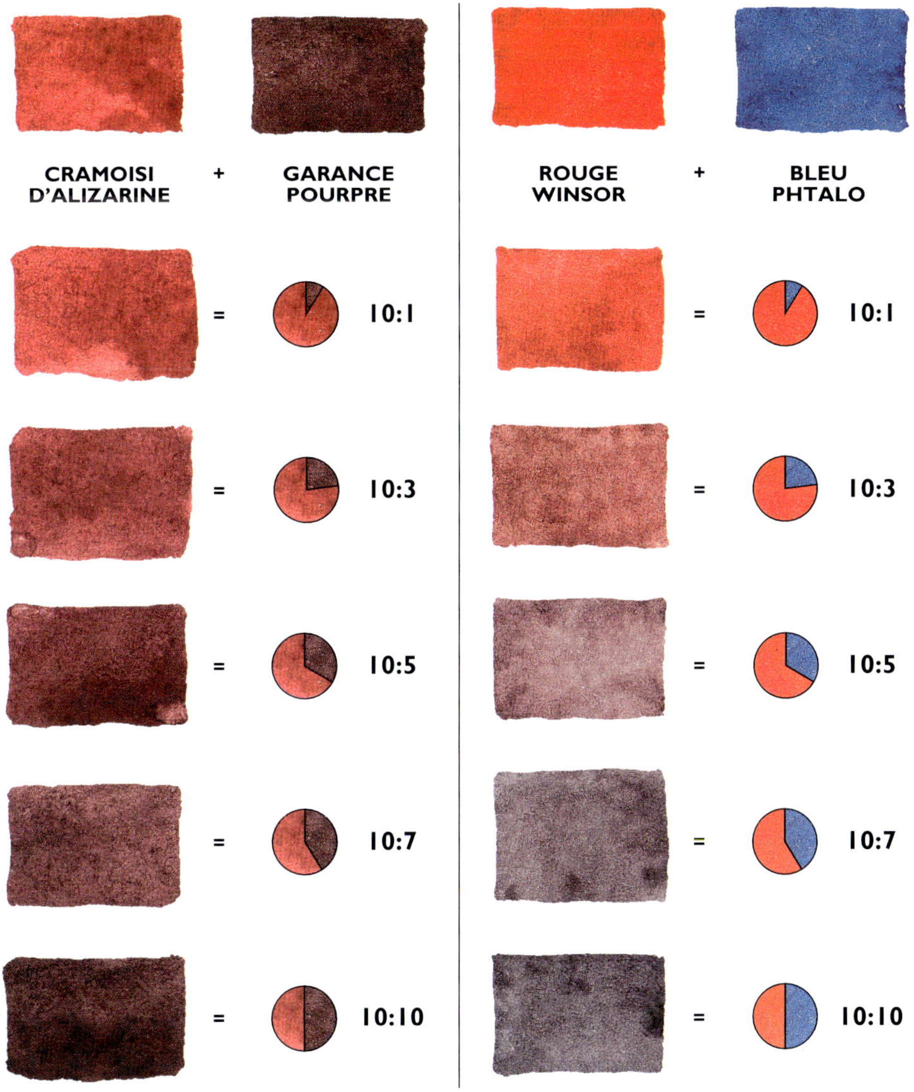
CRAMOISI D'ALIZARINE + GARANCE POURPRE
= 10:1
= 10:3
= 10:5
= 10:7
= 10:10
ROUGE WINSOR + BLEU PHTALO
= 10:1
= 10:3
= 10:5
= 10:7
= 10:10

Créer les Violets

LES VIOLETS FROIDS

Les meilleurs violets froids sont obtenus à partir de rouges froids. Le bleu phtalo et le cramoisi d'alizarine peuvent créer une gamme de violets froids, de même que le bleu phtalo et le carmin mais il faut soigneusement contrôler la quantité de couleur utilisée. Il n'est pas conseillé d'employer le bleu de Prusse pour créer le violet car ses pigments peuvent se dissocier et donner un résultat grumeleux, surtout avec les aquarelles de qualité médiocre. On peut créer des violets de ton clair en superposant les mélanges sans oublier de bien laisser sécher chaque couche entre les applications.

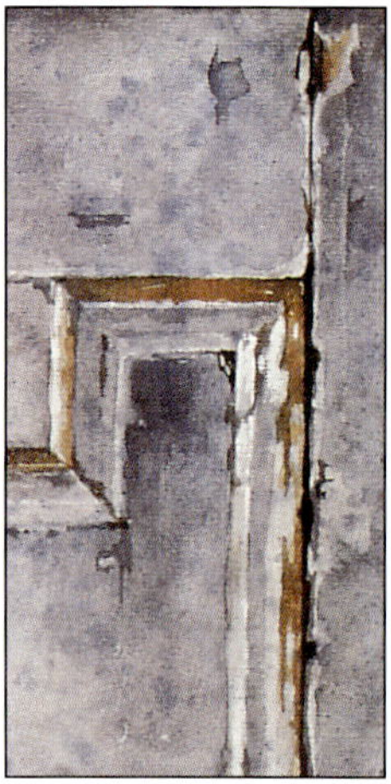

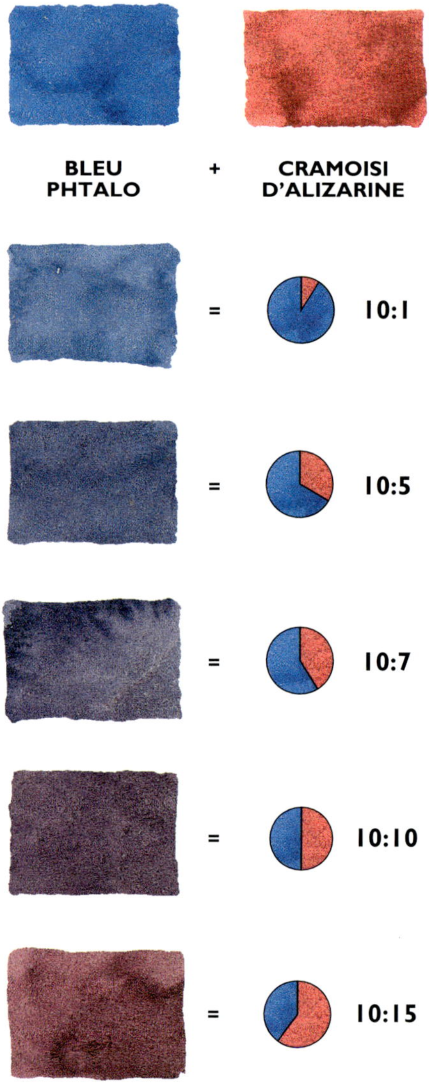

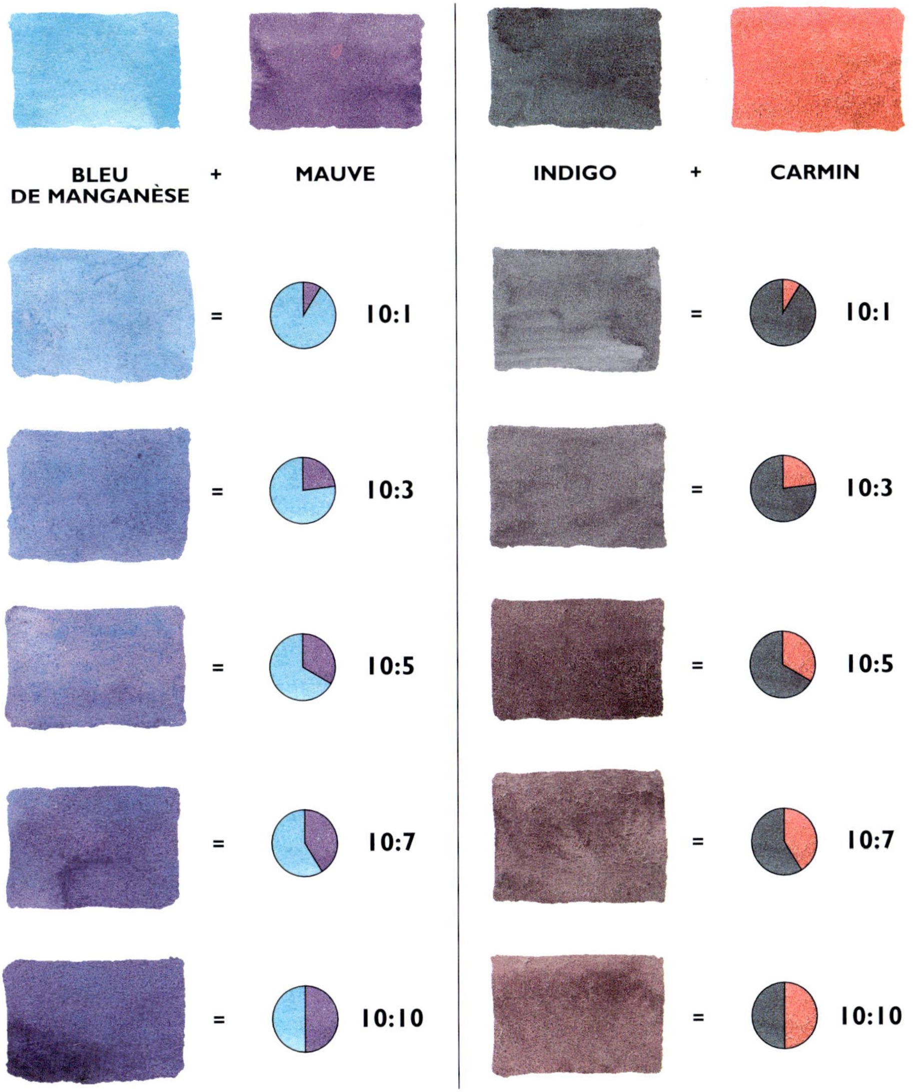
BLEU
DE MANGANÈSE
+
MAUVE
INDIGO
+
CARMIN
=
10:1
=
10:3
=
10:5
=
10:7
=
10:10

Tableaux en violet

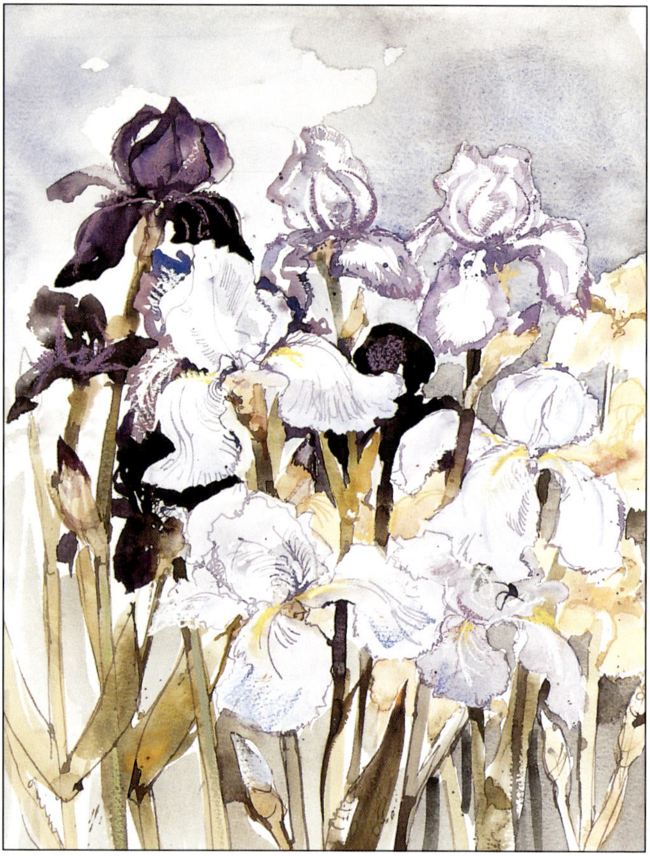

Kay Ohsten a peint ce tableau en utilisant la couleur mauve de deux marques de peintures différentes, ce qui est un choix original. Ces deux teintes, dont la différence est très nette, sont caractéristiques de sa palette personnelle. Mais pour obtenir des tonalités et des nuances variées, l'artiste a ajouté à ses mélanges du gris de Payne et de petites quantités de cramoisi d'alizarine.

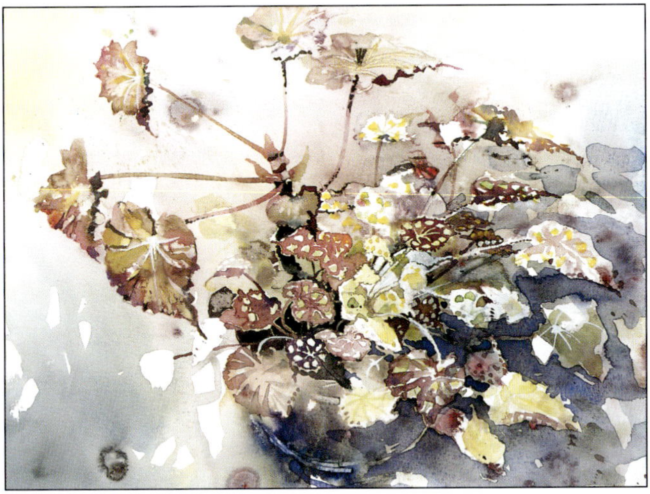

Les feuilles de bégonia présentent des teintes violettes intéressantes à côté de couleurs de terre plus douces. Dans cette ébauche de facture libre, Kay Ohsten a brossé l'arrière-plan principalement en magenta, mauve et indigo, et elle a peint les feuilles violettes et rouge violacé avec des mélanges de magenta, mauve, cramoisi d'alizarine, bleu permanent et bleu outremer.

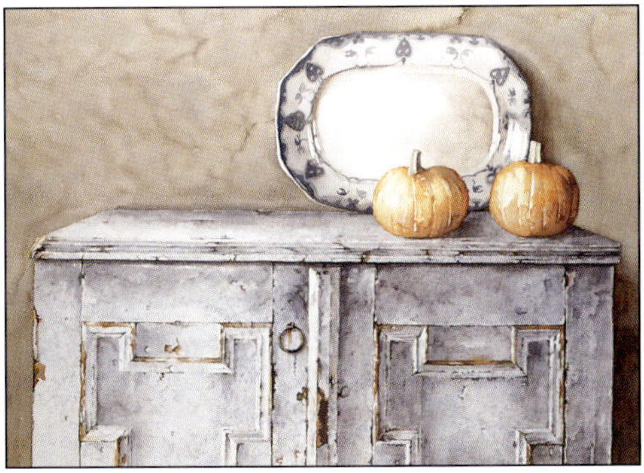

Dans ce tableau charmant et simple de Crin Gale, un placard violet pâle se détache sur un fond complémentaire neutralisé. Les couleurs utilisées pour le placard sont le bleu outremer, le rouge indien et la laque de garance rose. L'arrière-plan est à base de terre d'ombre brûlée et de bleu de cobalt. Les valeurs tonales du placard ont été obtenues en contrôlant soigneusement la densité de la peinture et en superposant les couleurs « mouillé sur sec ».

Créer les Bleus

L'aquarelliste dispose de nombreux types de bleus. Certains, comme le bleu phtalo et le bleu de Prusse, sont très intenses. D'autres, comme le bleu de céruléum et le bleu de cobalt, sont relativement faibles.

LES BLEUS CHAUDS

Bien que le bleu soit considéré comme une couleur froide, on constate que certains bleus sont plus chauds que d'autres. Le bleu chaud tire sur le violet alors que le bleu froid est légèrement plus verdâtre. On peut réchauffer certains bleus du commerce par mélange avec un rouge bleuté, en ajoutant par exemple une pointe de cramoisi d'alizarine au bleu outremer. Beaucoup d'autres bleus deviennent troubles, surtout quand on les mélange à un rouge chaud.

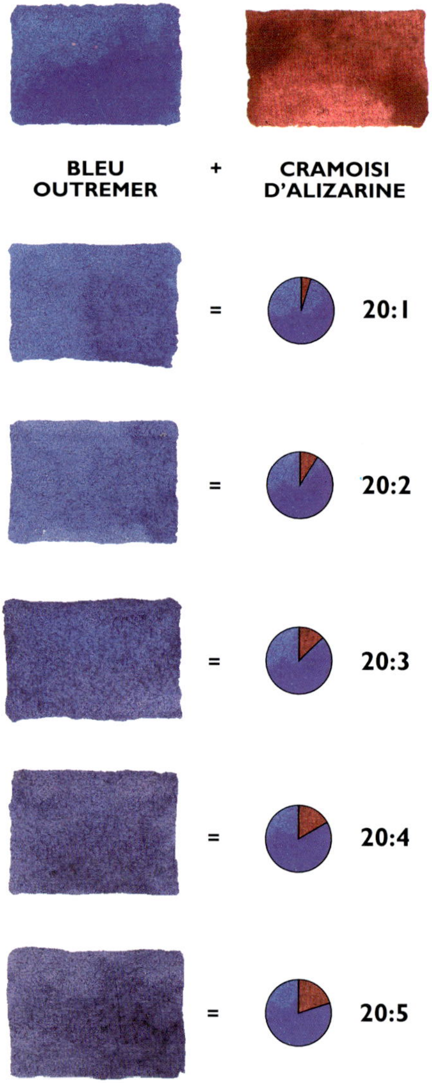

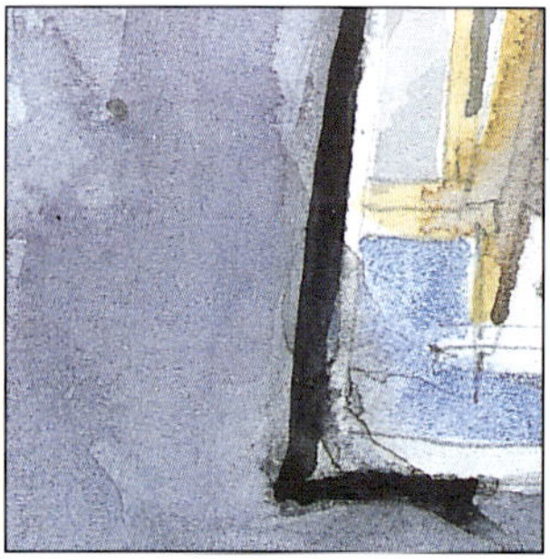

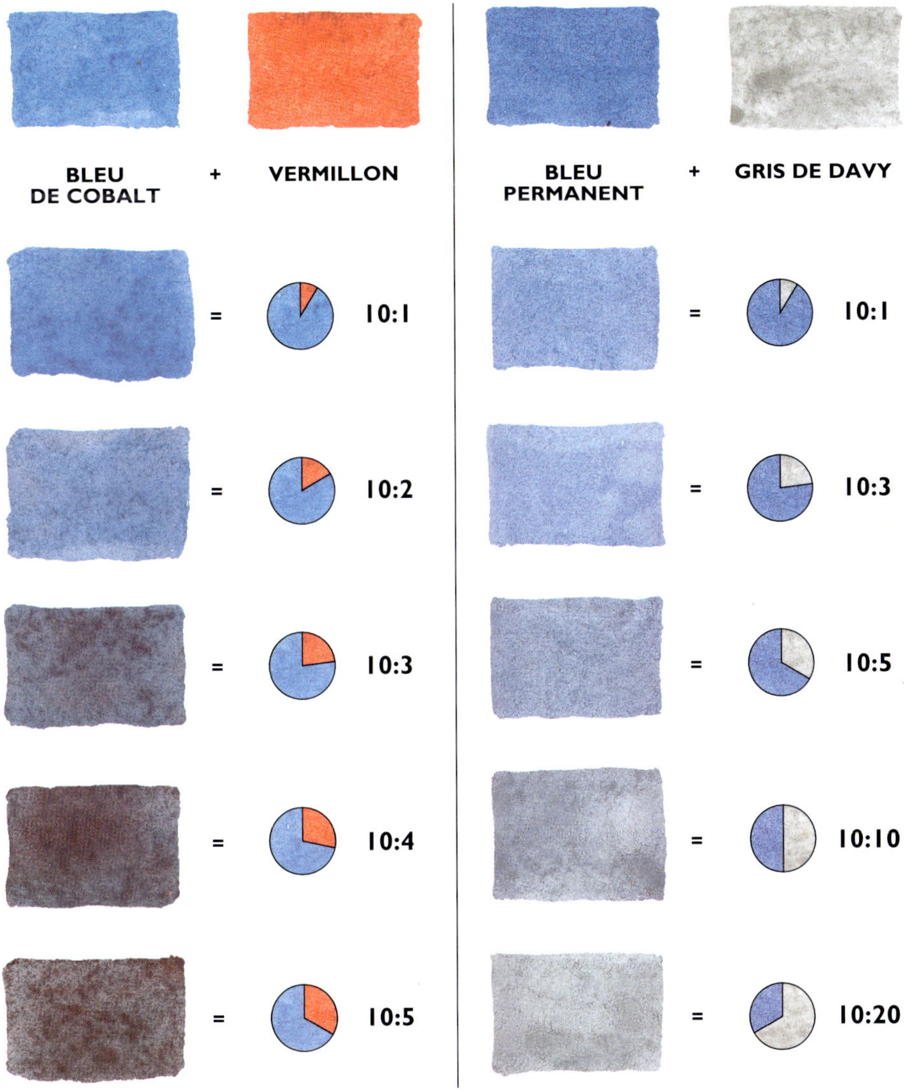
BLEU DE COBALT
+
VERMILLON
=
10:1
10:2
10:3
10:4
10:5
BLEU PERMANENT
+
GRIS DE DAVY
=
10:1
10:3
10:5
10:10
10:20

Créer les Bleus

LES BLEUS FROIDS

On perçoit les bleus froids comme des teintes un peu verdâtres ou turquoise mais les bleus légèrement dégradés peuvent aussi être considérés comme froids. Un mélange de bleu de cobalt et de terre d'ombre naturelle donnera un bleu froid discret, de même que le bleu céruléum avec le vermillon. Le moindre soupçon de jaune citron ajouté au bleu outremer donnera un bleu froid intéressant.

Les bleus de votre palette ne s'accorderont pas toujours exactement au bleu de votre sujet et vous constaterez que la nuance voulue provient souvent du mélange de deux bleus.

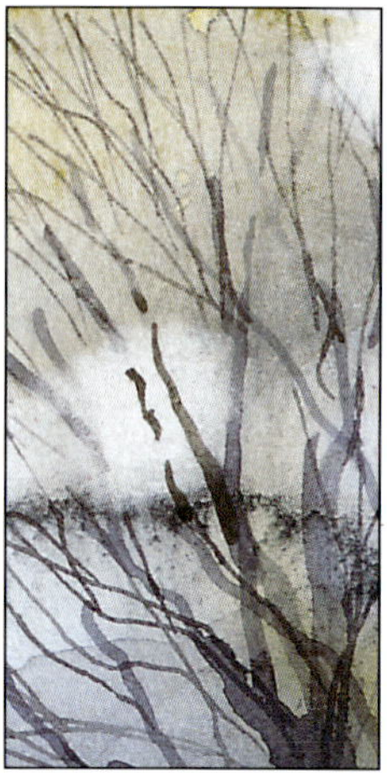

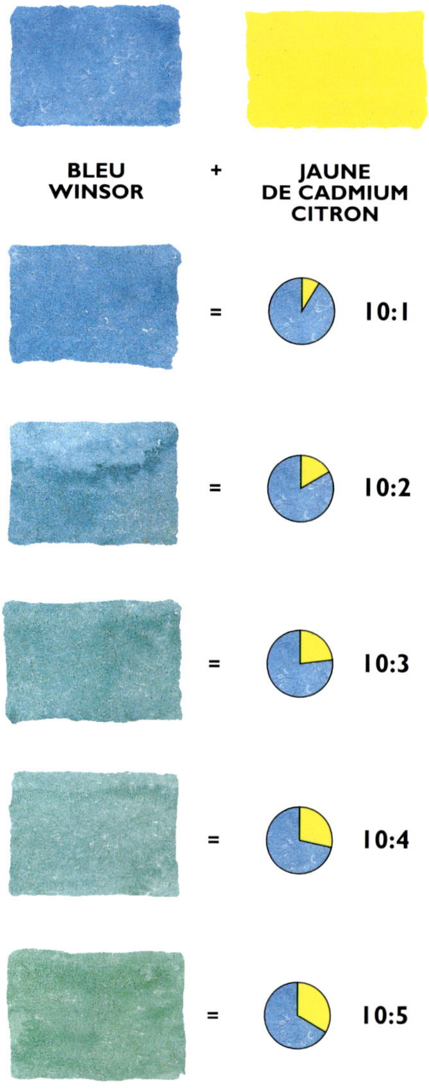

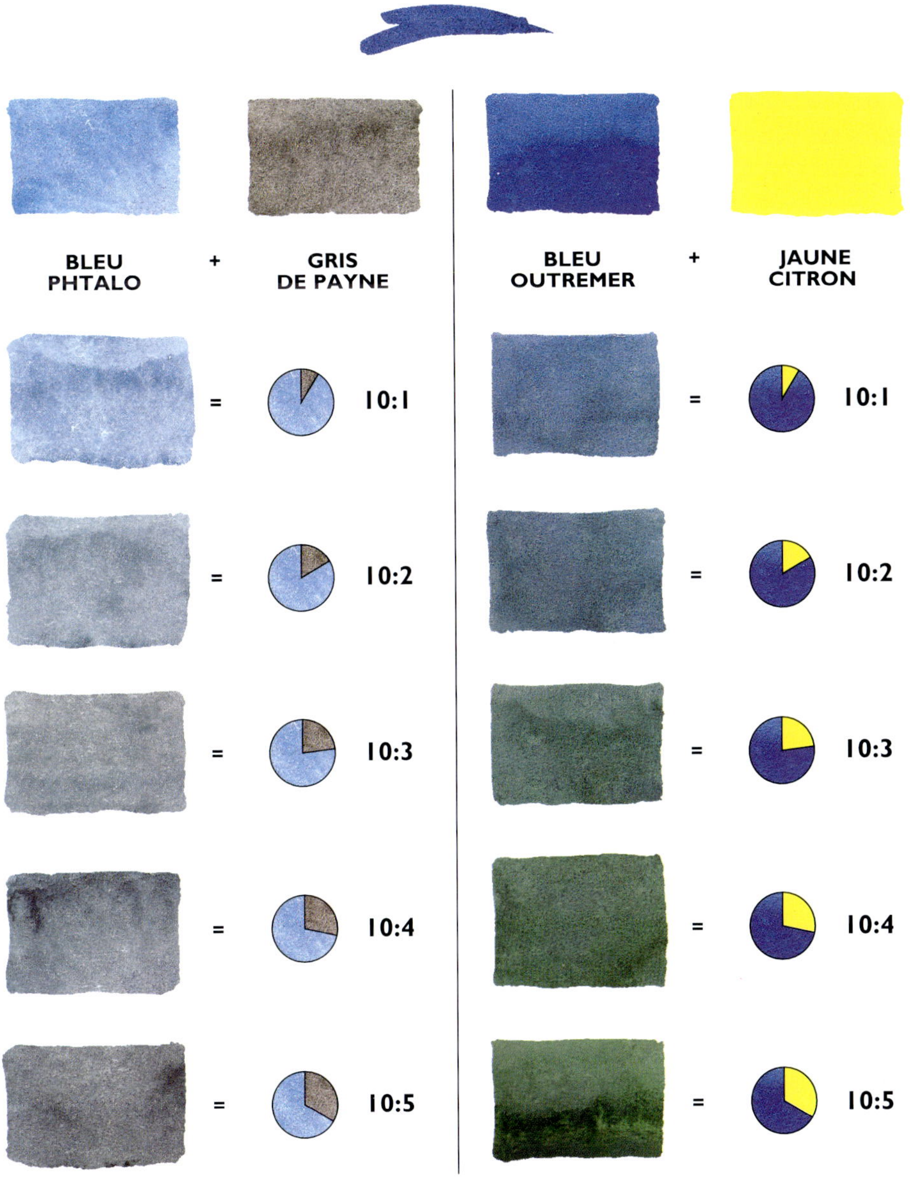
BLEU PHTALO
+
GRIS DE PAYNE
=
10:1
=
10:2
=
10:3
=
10:4
=
10:5
BLEU OUTREMER
+
JAUNE CITRON
=
10:1
=
10:2
=
10:3
=
10:4
=
10:5

Une Nature Morte Bleue aux Bouteilles

Certains bleus de cette nature morte ne sont très lumineux et très purs qu'en apparence : le bleu céruléum utilisé pour les parties pâles de l'écharpe doit être légèrement neutralisé par une couleur complémentaire et le bleu de la bouteille cassée au premier plan, relativement peu

16 bleu outremer
4 indigo
dilution standard

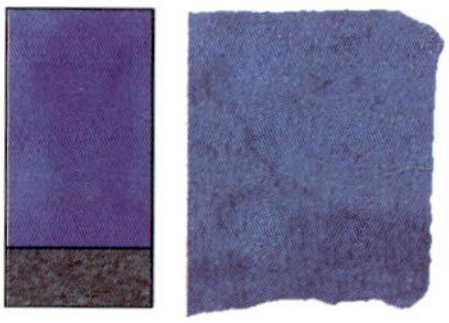

19 bleu céruléum
1 orange de cadmium
dilution faible

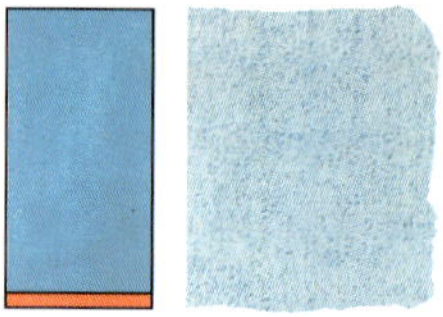

18 bleu Winsor
2 gris de Payne
dilution standard
appliquer deux couches

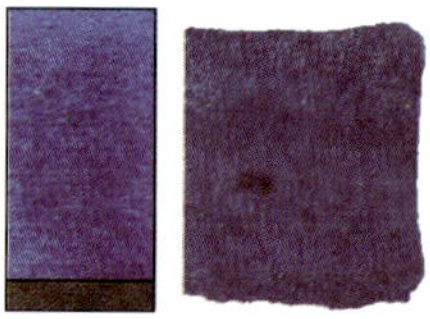

7 bleu outremer
6 ocre jaune
7 cramoisi d'alizarine
dilution faible

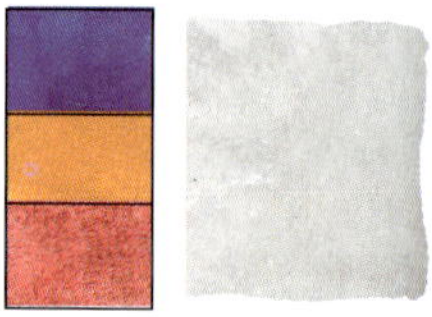

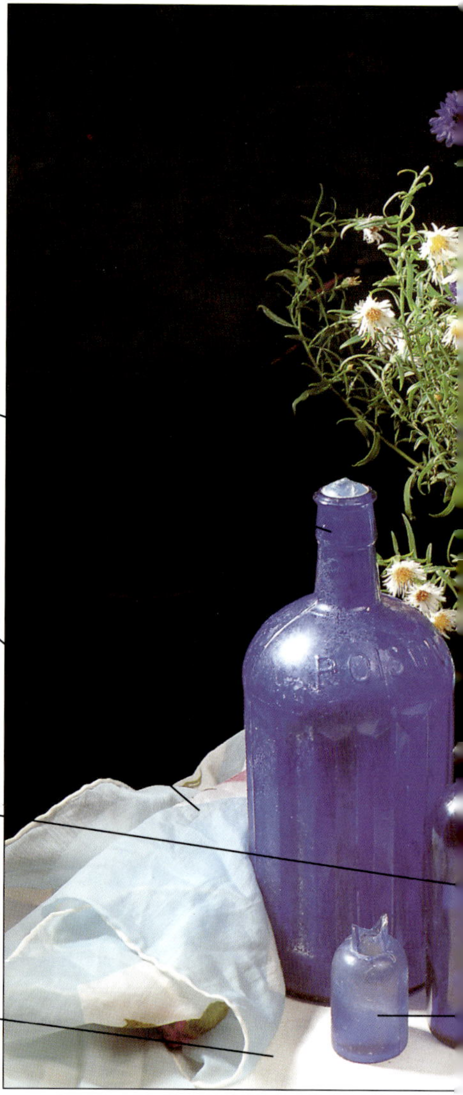

soutenu, réclame le même traitement. Le bleu de la lanterne est plus froid et légèrement vert. Le bleu de manganèse qui entre dans ce mélange ne couvre pas bien la surface du papier et il a fallu appliquer deux couches de peinture pour que la couleur soit suffisamment foncée.

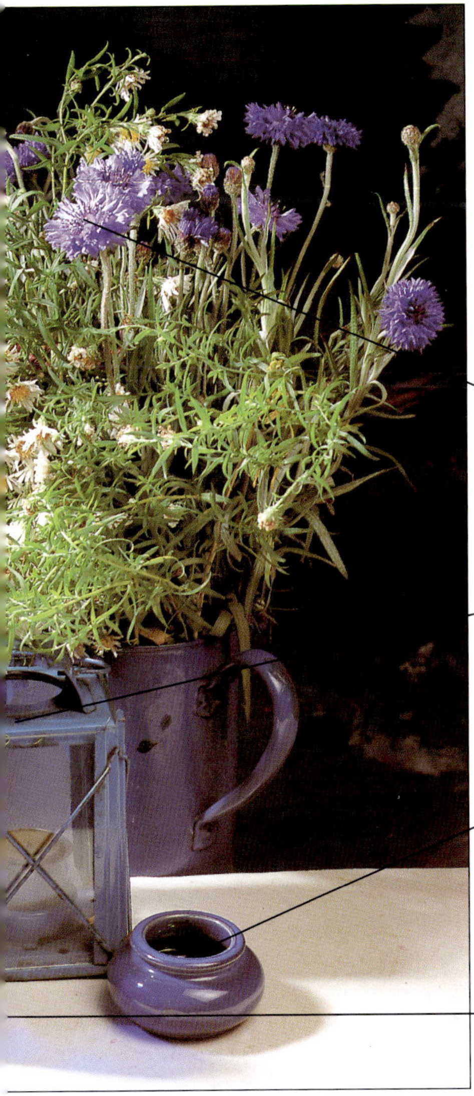

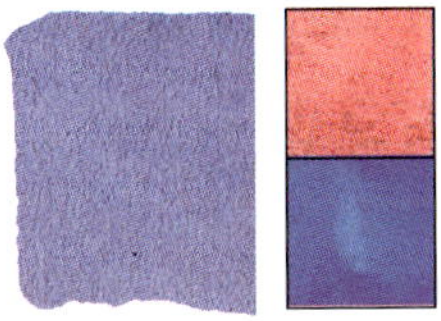

10 cramoisi d'alizarine
10 bleu outremer
dilution standard

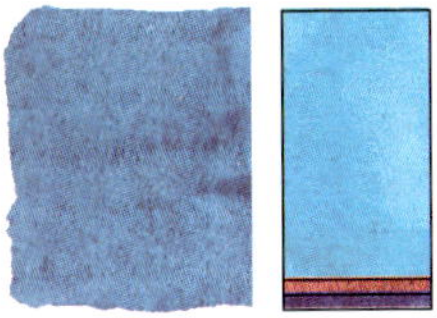

18 bleu de manganèse
1 cramoisi d'alizarine
1 bleu Winsor
dilution standard
appliquer
deux couches

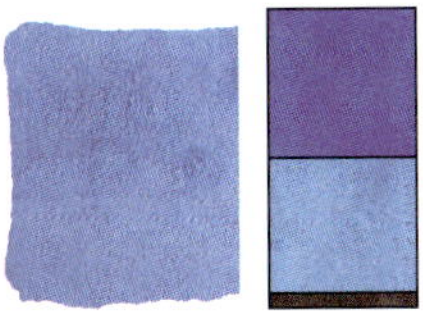

10 bleu outremer
9 bleu phtalo
1 gris de Payne
dilution standard

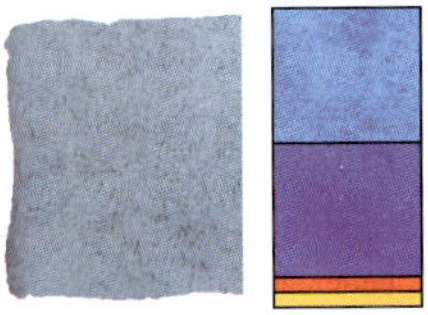

9 bleu de cobalt
9 bleu outremer
1 rouge de cadmium
1 auréolin
dilution standard

Tableaux en Bleu

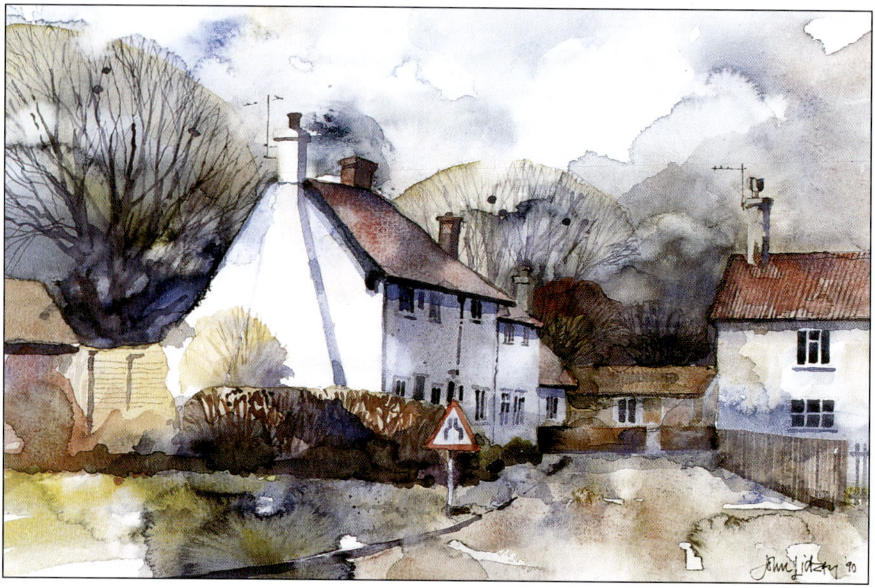

Les bleus froids et les bleus violacés se conjuguent pour donner l'impression d'une froide journée d'hiver. Le ciel est peint avec des mélanges de bleu outremer, de bleu phtalo, d'indigo et de cramoisi d'alizarine. Les effets du premier plan sont obtenus à l'aide d'indigo et d'auréolin (à gauche) combinés avec le gris de Payne, le carmin et l'ocre jaune (à droite). Les ombres des maisons sont peintes avec le bleu outremer et une touche d'indigo. (John Lidzey)

Le tableau à droite représente une vieille cheminée. Les murs sont gris-bleu et la cheminée d'un blanc passé. Les couleurs du tableau ont été obtenues en superposant plusieurs lavis légers de gris de Payne, outremer, jaune de cadmium, carmin et ocre jaune. Chaque lavis n'a été appliqué qu'après séchage de la couche précédente. (John Lidzey)

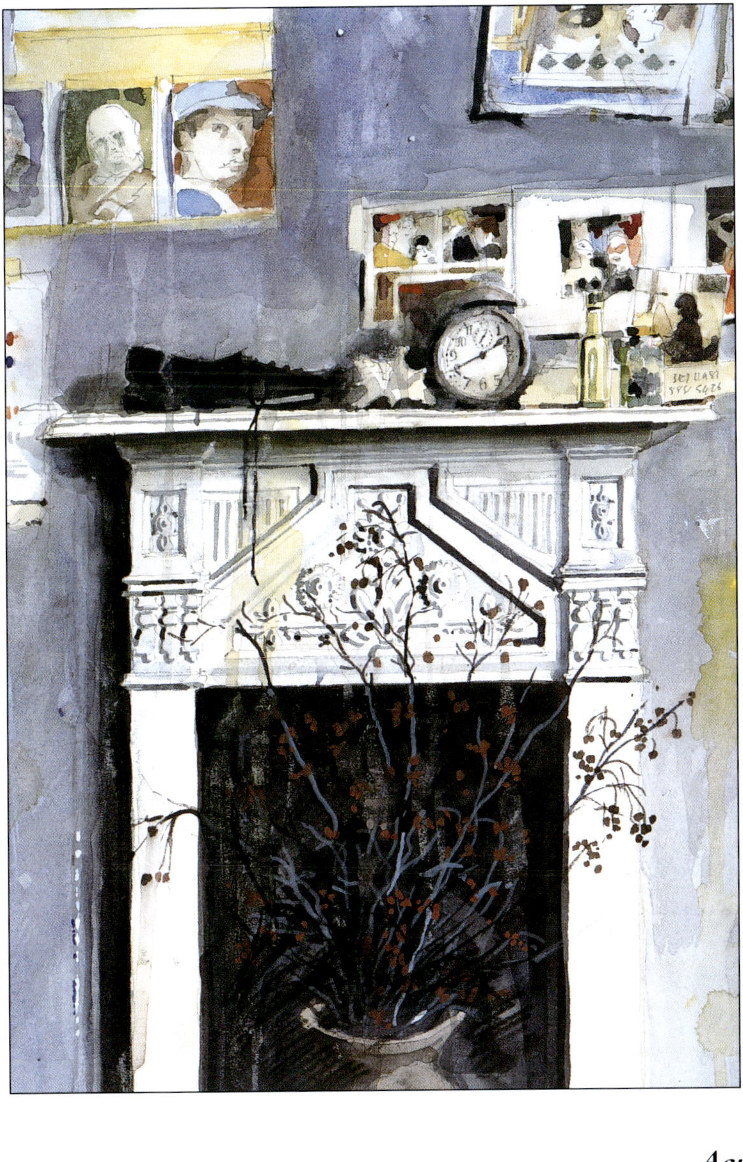

Créer les verts

Il existe assez peu d'aquarelles vertes dans le commerce mais il est facile de créer une gamme étendue de verts à partir d'autres couleurs. De nombreux aquarellistes préfèrent donc travailler sans avoir un seul vert sur leur palette.

LES VERTS CHAUDS

Un vert est dit chaud quand il est jaunâtre. Il est même possible de créer un vert contenant une certaine quantité de rouge mais le résultat obtenu sera assez terne et manquera d'intensité. Les verts chauds s'obtiennent à partir d'une base de jaune de cadmium qui, mélangée au bleu céruléum, donne un beau vert naturel mais parfois un peu inégal.

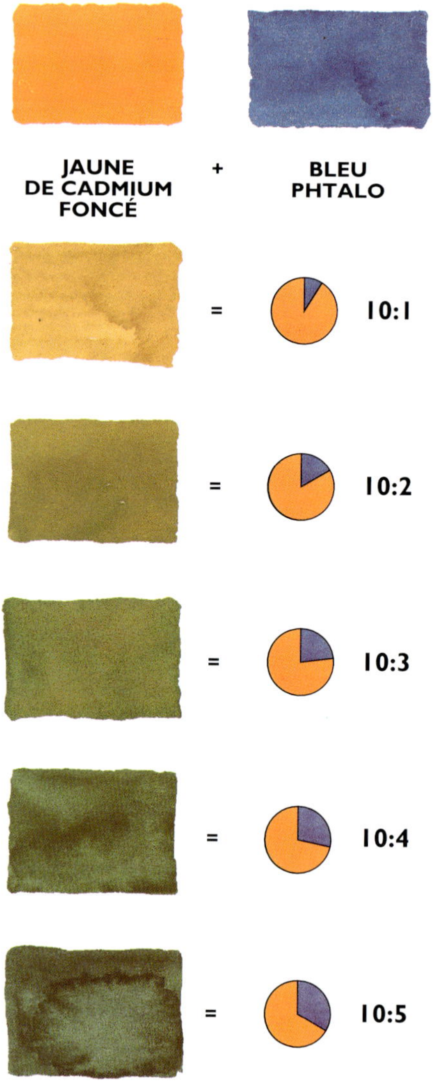

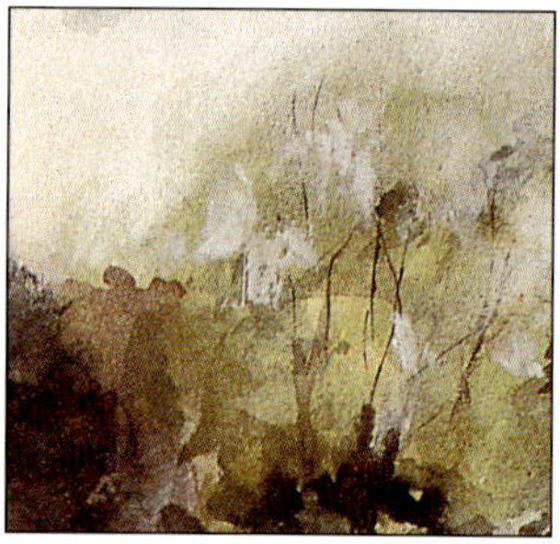

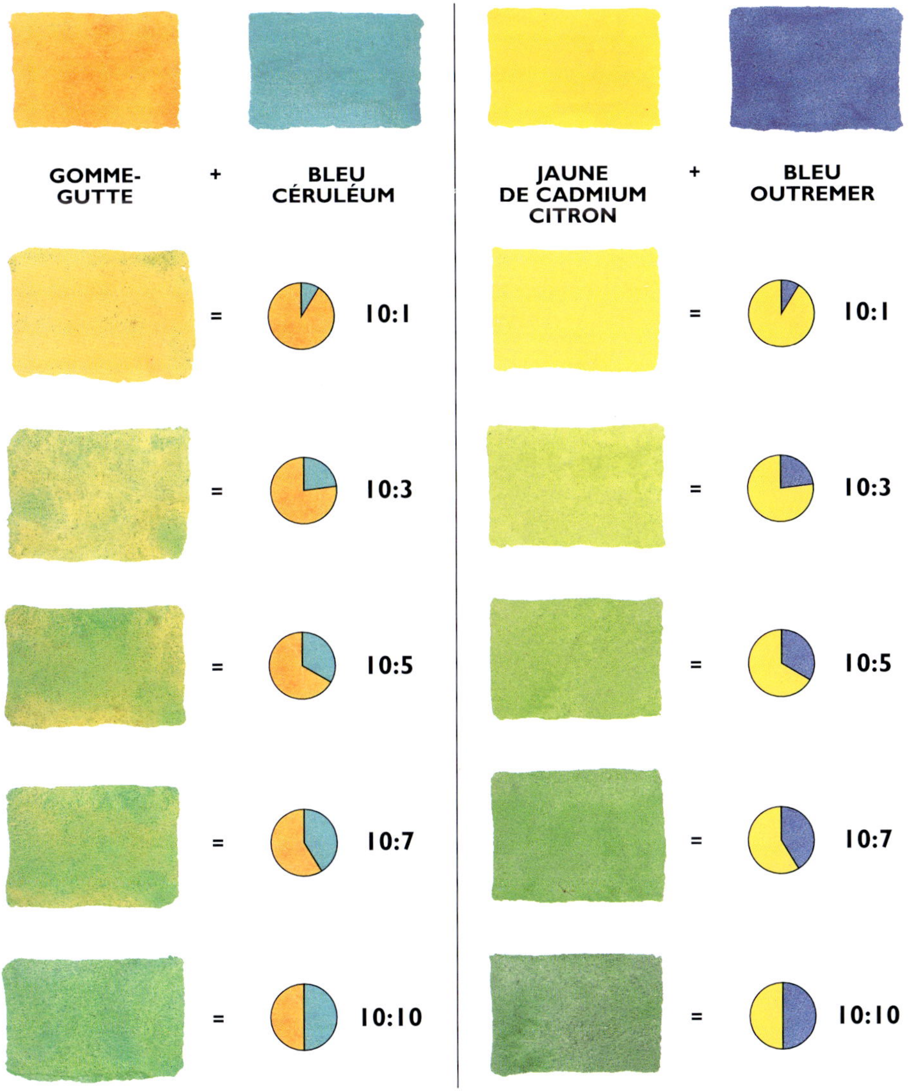
GOMME-GUTTE
+
BLEU CÉRULÉUM
JAUNE DE CADMIUM CITRON
+
BLEU OUTREMER
=
10:1
=
10:3
=
10:5
=
10:7
=
10:10
=
10:1
=
10:3
=
10:5
=
10:7
=
10:10

Créer les Verts

LES VERTS FROIDS

Le vert de Hooker peut être qualifié de froid (bleuté) et le vert de vessie de chaud (jaunâtre). La nuance propre à ces deux couleurs est impossible à obtenir par mélange, surtout l'aspect froid du vert de Hooker. Il est souvent préférable de créer un vert moins intense (plus terne) à partir du jaune et du bleu. De beaux verts bleutés sont obtenus à partir de bleus et de jaunes froids ; le jaune citron et le bleu phtalo par exemple donnent un magnifique vert froid. D'autres combinaisons sont proposées ci-contre.

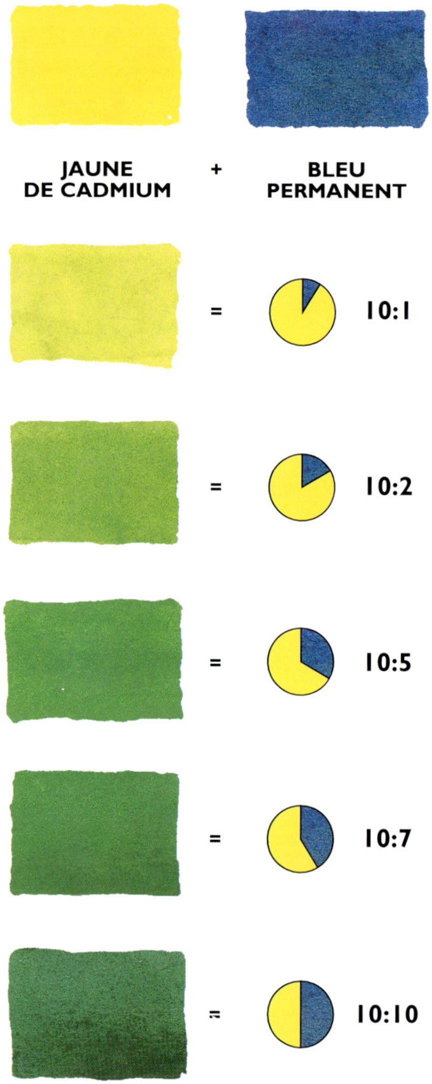

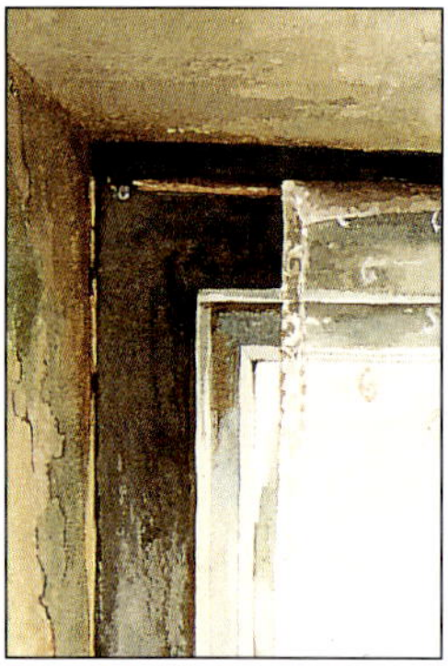

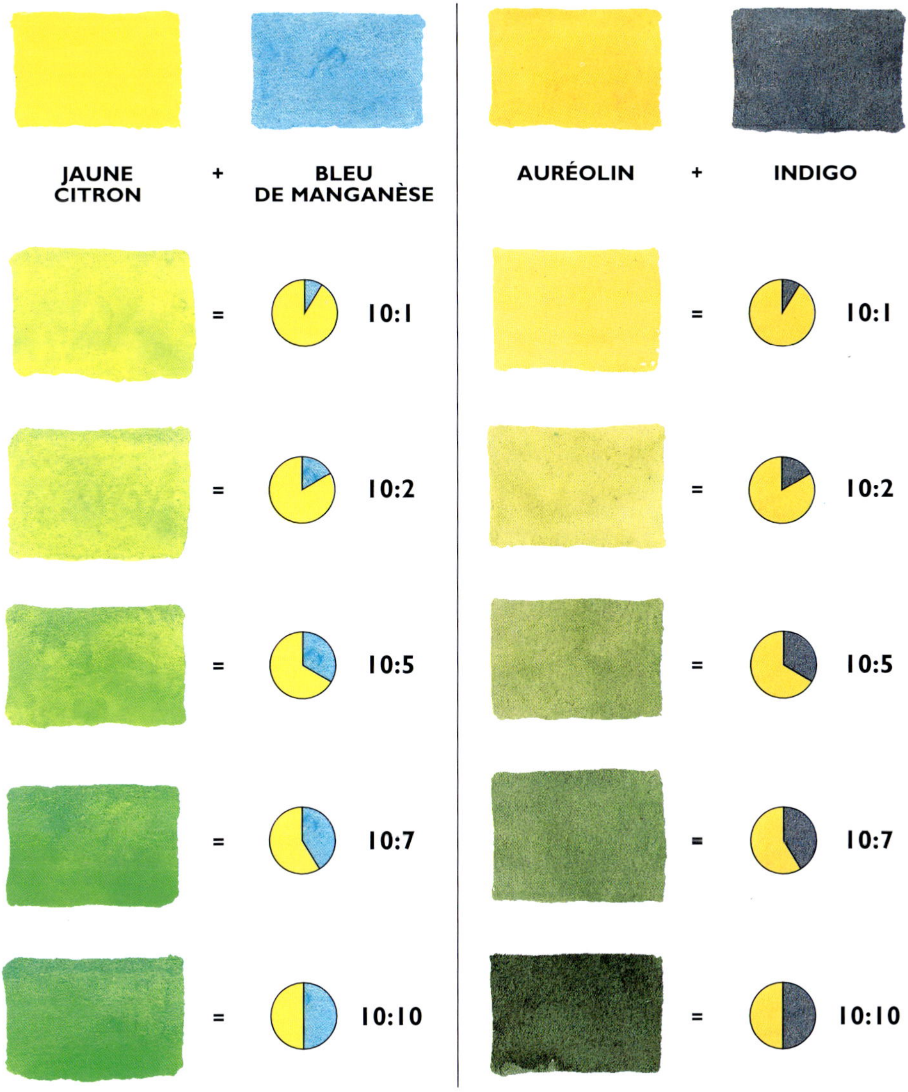
JAUNE CITRON
+
BLEU DE MANGANÈSE
=
10:1
=
10:2
=
10:5
=
10:7
=
10:10
AURÉOLIN
+
INDIGO
=
10:1
=
10:2
=
10:5
=
10:7
=
10:10

UNE NATURE MORTE VERTE AU FEUILLAGE

Cette composition présente plusieurs verts ravissants. Dans le feuillage, les teintes vont du vert-jaune frais du conifère à droite au vert bleuté mystérieux, de faible intensité, de l'euphorbe à gauche. Pour peindre les différents tons de l'euphorbe, on peut éclaircir les couleurs en ajoutant de

13 bleu outremer
6 terre d'ombre brûlée
1 auréolin
dilution faible

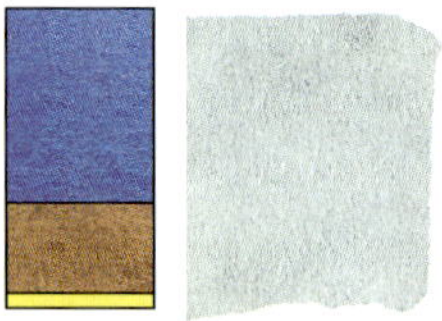

8 bleu Winsor
7 indigo
3 jaune citron
2 gris de Payne
dilution forte

11 jaune citron
8 bleu phtalo
1 gris de Payne
dilution standard

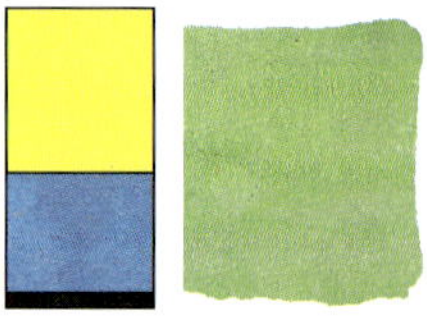

13 jaune de cadmium
2 bleu outremer
5 bleu de manganèse
dilution standard

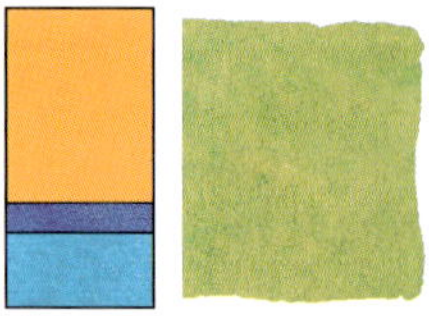

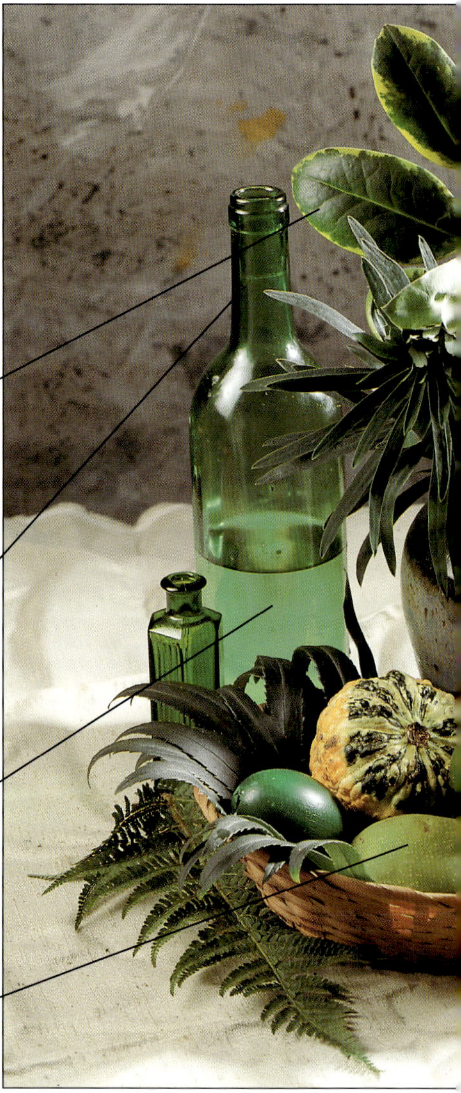

l'eau au mélange de base pour les feuilles claires, et les foncer en ajoutant du gris de Payne pour celles qui sont dans l'ombre.

La couleur du flacon à l'extrême gauche de l'image est pratiquement la même que celle du liquide dans la bouteille voisine.

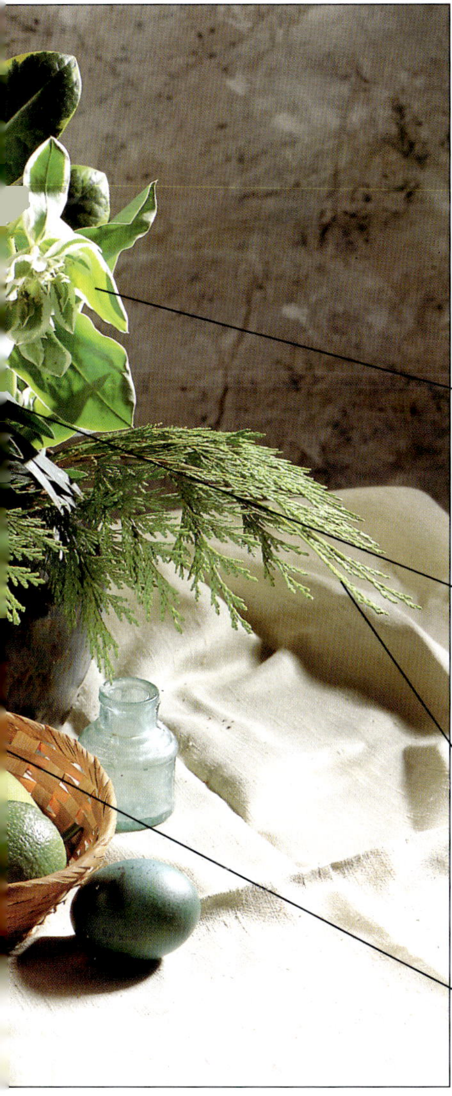

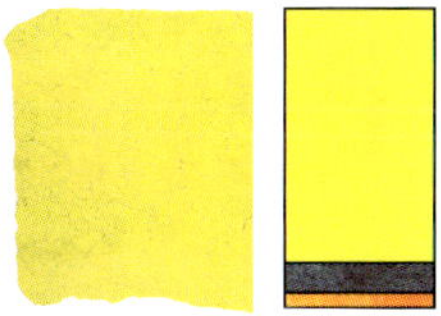

17 jaune de cadmium citron
2 indigo
1 gomme-gutte
dilution standard

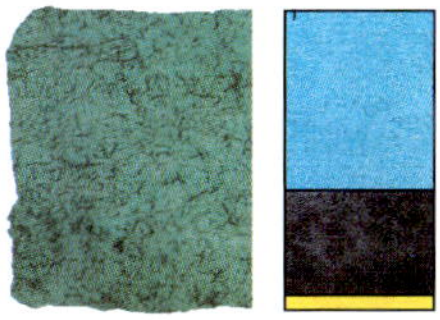

12 bleu de manganèse
7 indigo
1 auréolin
dilution standard

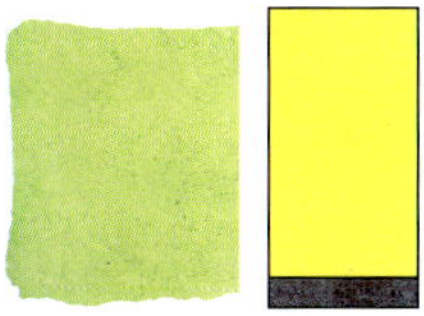

18 jaune citron
2 indigo
dilution faible

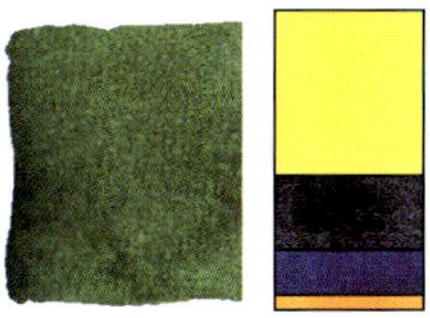

11 auréolin
5 indigo
3 bleu phtalo
1 jaune de cadmium foncé
dilution standard

TABLEAUX EN VERT

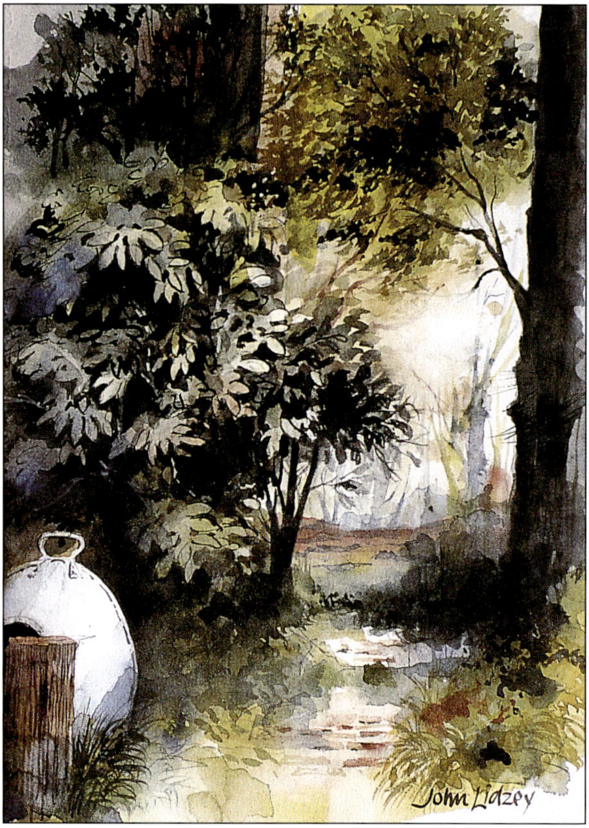

Dans cette scène de jardin, la lumière fait office d'arrière-plan. Les feuilles au soleil sont peintes avec des verts pâles dilués, mais un mélange beaucoup plus soutenu a servi pour le feuillage dans l'ombre. Dans l'angle supérieur droit, le feuillage a été peint en trois temps, « mouillé sur sec » : j'ai d'abord posé le jaune de cadmium foncé pur, puis le jaune de cadmium foncé additionné de bleu outremer, enfin l'indigo et le gris de Payne. Le feuillage de gauche est peint dans des verts plus froids : bleu phtalo, auréolin, indigo et un peu de bleu outremer. (John Lidzey)

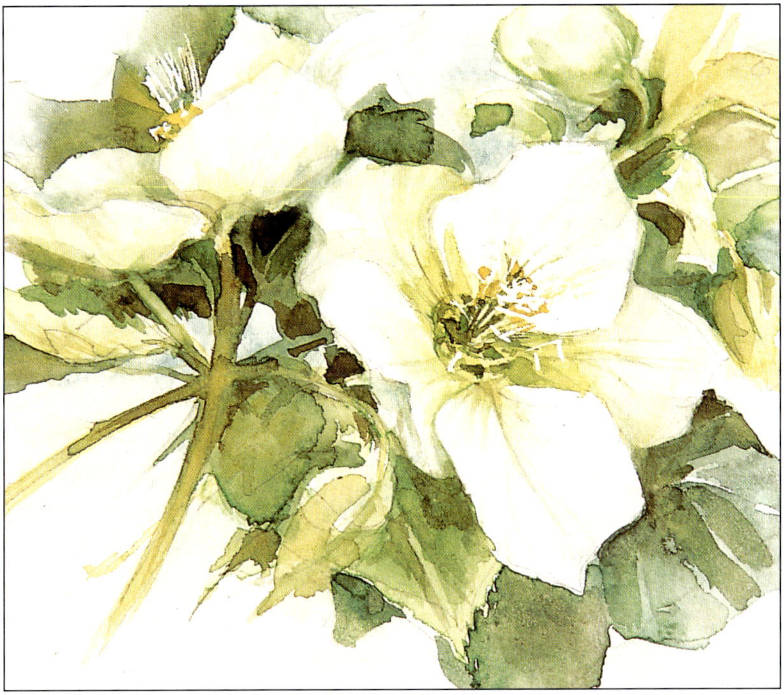

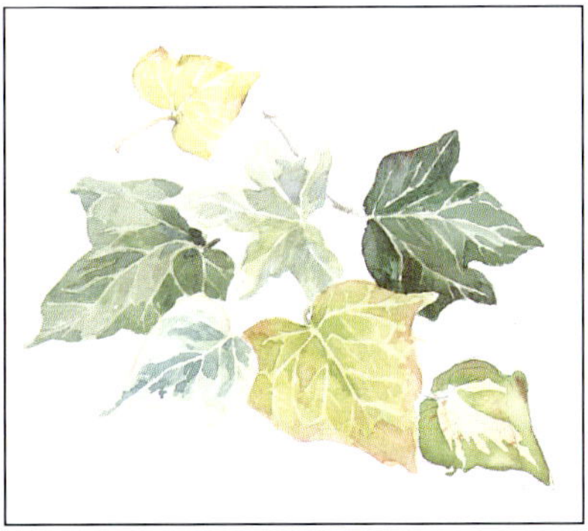

Dans ce tableau d'Elizabeth Harden ci-dessus, les nombreux verts froids et bleutés contrastent harmonieusement avec les quelques vert-jaune légèrement neutralisés.

Sur cette illustration d'Elizabeth Harden, un mélange de verts froids et chauds se fond dans les jaunes verdâtres. Toutes ces couleurs pouvant être créées à partir d'autres teintes, il n'est pas indispensable d'utiliser des verts du commerce.

Créer les Bruns

Les bruns résultent de la combinaison de couleurs opposées sur le cercle chromatique (couleurs complémentaires). La plupart des rouges et des verts donneront un brun par mélange, de même que le rouge et le bleu, malgré la théorie traditionnelle des couleurs. Essayez par exemple de mélanger le bleu outremer et le rouge de cadmium qui, additionnés d'un peu d'eau, donneront une teinte brunâtre.

LES BRUNS CHAUDS

Les bruns froids tirent sur le vert, les bruns chauds sur le rouge ou le jaune. On peut créer de beaux bruns chauds à partir d'une base ocre jaune qui, combinée au vermillon, donnera un brun-orangé chaud et ensoleillé. Le rouge de cadmium additionné d'une petite quantité d'indigo donne aussi un brun chaud plaisant. D'autres combinaisons possibles sont illustrées ci-contre.

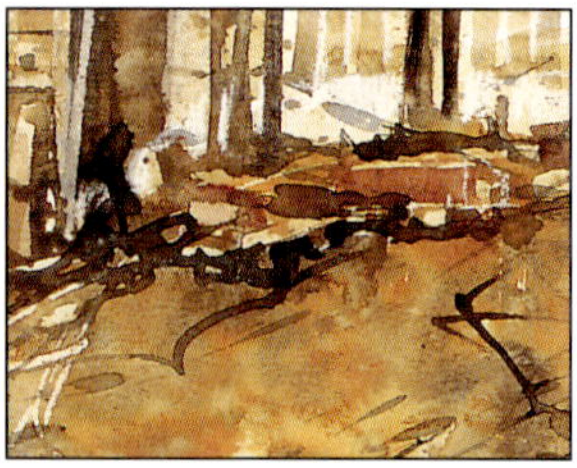

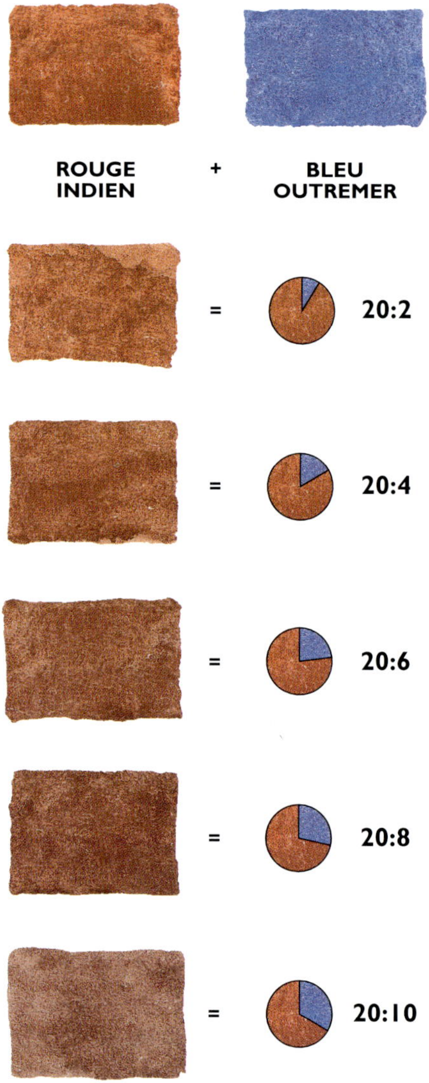

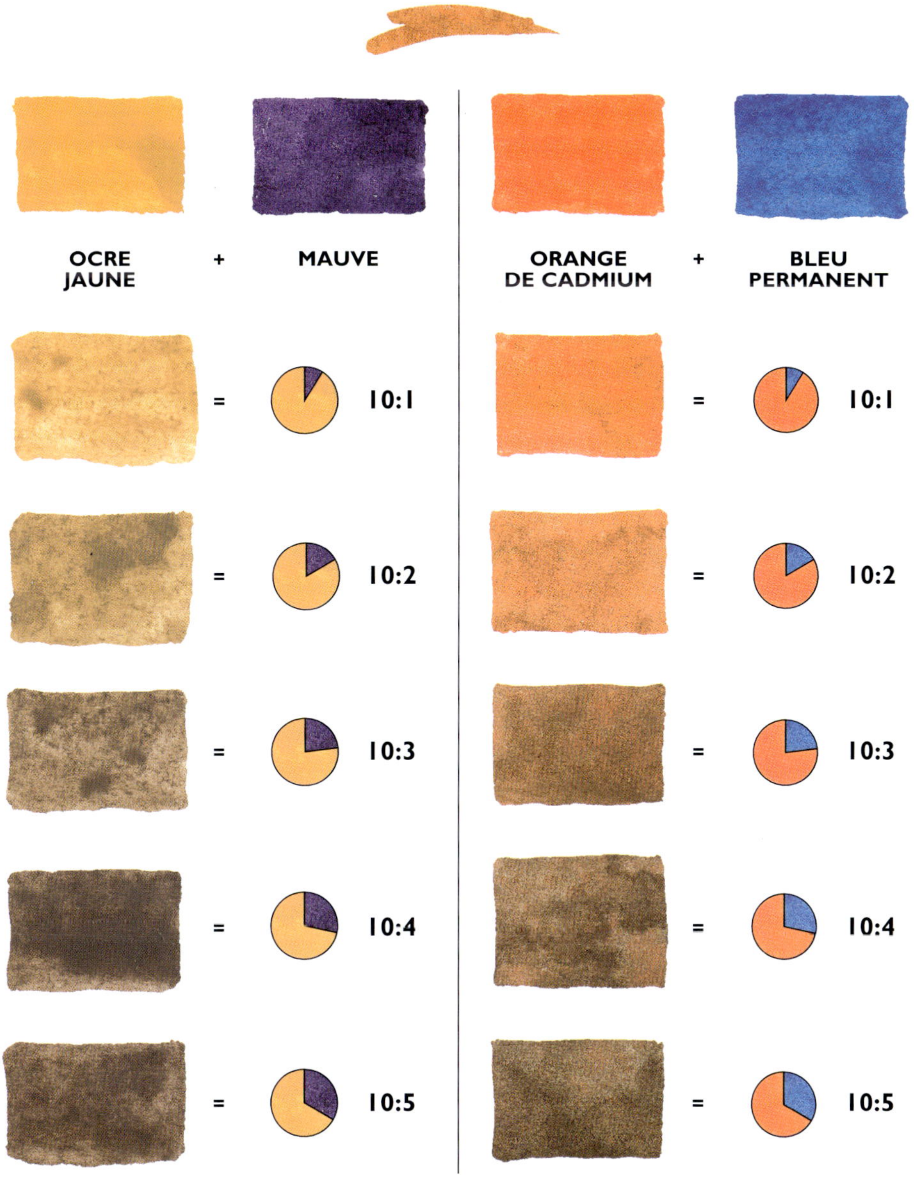
OCRE JAUNE
+
MAUVE
ORANGE DE CADMIUM
+
BLEU PERMANENT
= 10:1
= 10:2
= 10:3
= 10:4
= 10:5
= 10:1
= 10:2
= 10:3
= 10:4
= 10:5

CRÉER LES BRUNS

LES BRUNS FROIDS

Le brun est une couleur facile à obtenir. Il résulte parfois involontairement d'un mélange destiné à créer une autre couleur. Quand on travaille sur le terrain, il peut être passionnant de peindre un paysage hivernal avec la gamme étendue des bruns que l'on peut créer à l'aquarelle.

Le mélange du rouge et du vert donne presque toujours un brun. Si l'on utilise plus de vert que de rouge, on obtient en général un brun verdâtre froid. Le vert de vessie et le rouge permanent donnent un brun verdâtre froid, de même que le vert émeraude et le rouge de cadmium. Essayez aussi de combiner le terre d'ombre brûlée et le bleu céruléum.

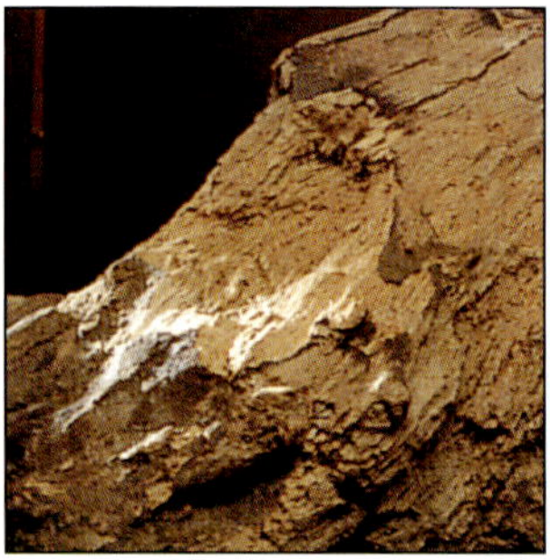

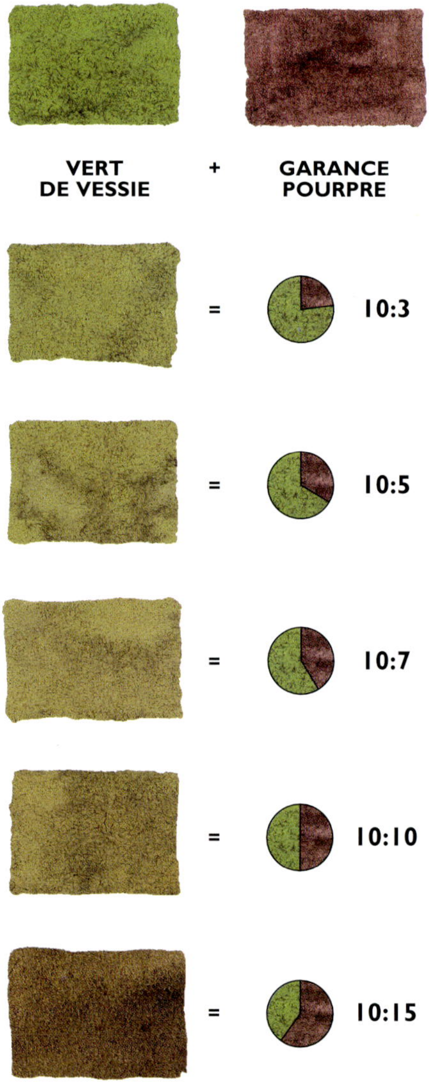

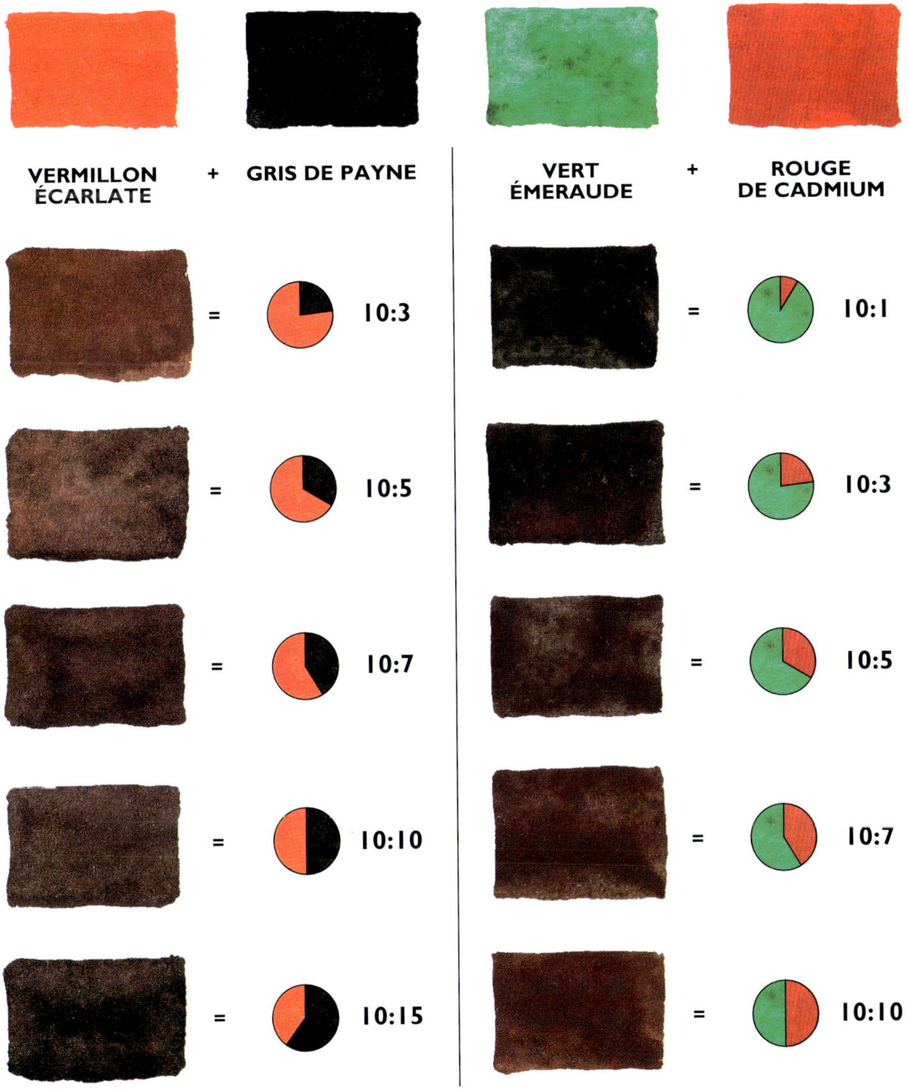
VERMILLON ÉCARLATE
+
GRIS DE PAYNE
VERT ÉMERAUDE
+
ROUGE DE CADMIUM
=
10:3
10:5
10:7
10:10
10:15
10:1
10:3
10:5
10:7
10:10

Une Nature Morte Brune au Chandelier

Cette composition présente une gamme subtile de couleurs allant des bruns jaunâtres pâles aux bruns bleutés froids et denses. La couleur la plus chaude est celle du halo des bougies allumées, quasiment identique à celle du bord du pot à droite. Le brun le plus froid se trouve au bas du cartable

14 jaune de cadmium foncé
6 rouge de cadmium
pointe de bleu outremer
dilution standard

7 terre d'ombre brûlée
7 bleu outremer
2 rouge Winsor
4 ocre jaune
dilution forte

11 rouge de cadmium
3 bleu de cobalt
3 jaune de cadmium foncé
3 ocre jaune
dilution standard

11 carmin
4 indigo
3 jaune de cadmium foncé
2 bleu outremer
dilution forte

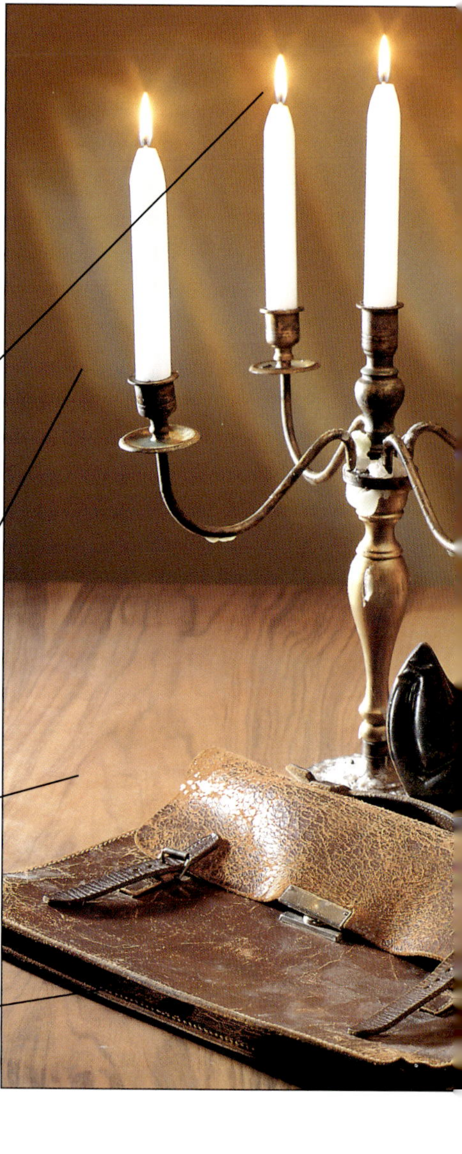

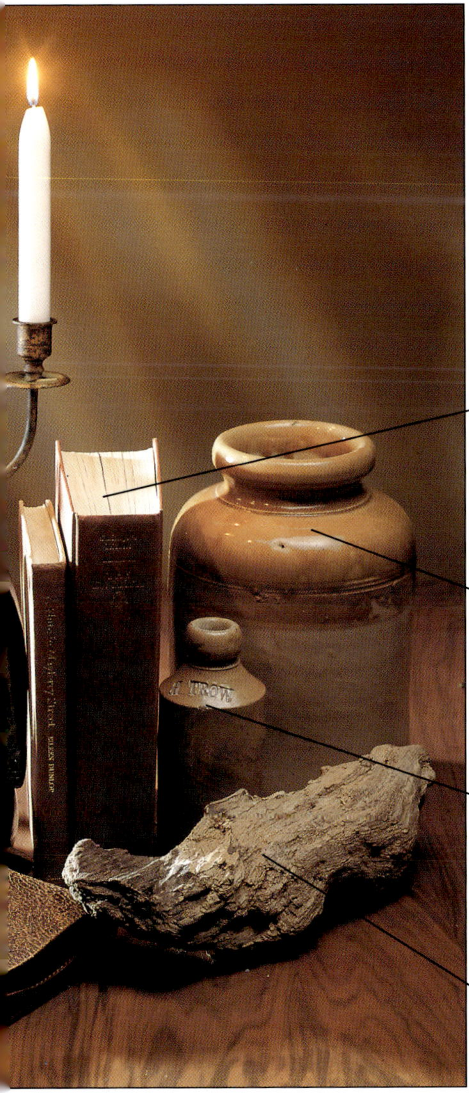

et ce mélange contient un peu de violet.

Les magasins de beaux-arts proposent de nombreux bruns et couleurs brunâtres toutes prêtes, mais pour cette démonstration la plupart des teintes brunes ont été créées à partir d'autres couleurs.

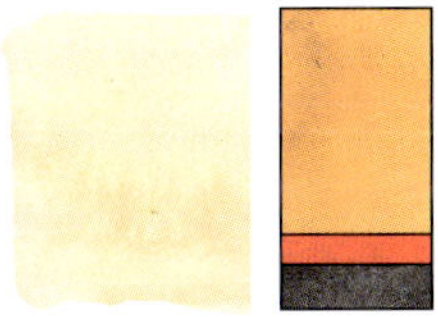

15 ocre jaune
2 rouge de cadmium
3 gris de Payne
dilution très faible

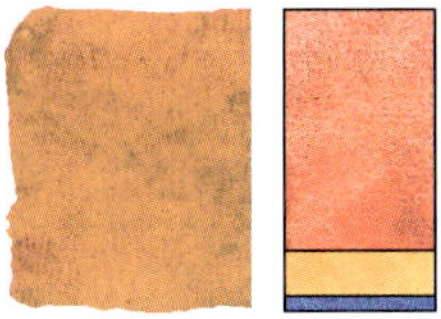

16 vermillon
3 ocre jaune
1 bleu outremer
dilution standard

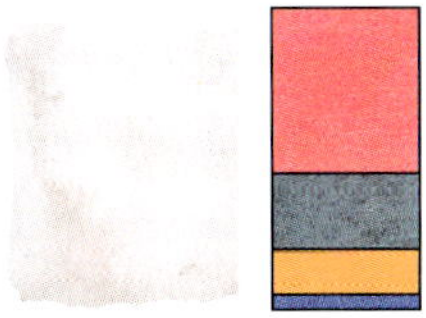

11 carmin
5 indigo
3 jaune de cadmium foncé
1 bleu outremer
dilution faible

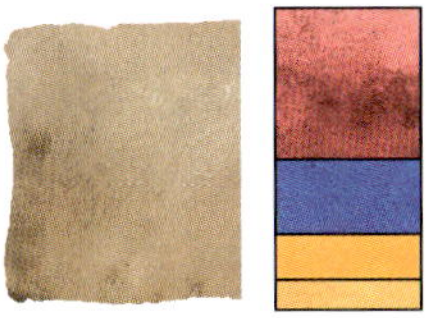

10 cramoisi d'alizarine
5 bleu outremer
2 jaune de cadmium foncé
3 ocre jaune
dilution standard

TABLEAUX EN BRUN

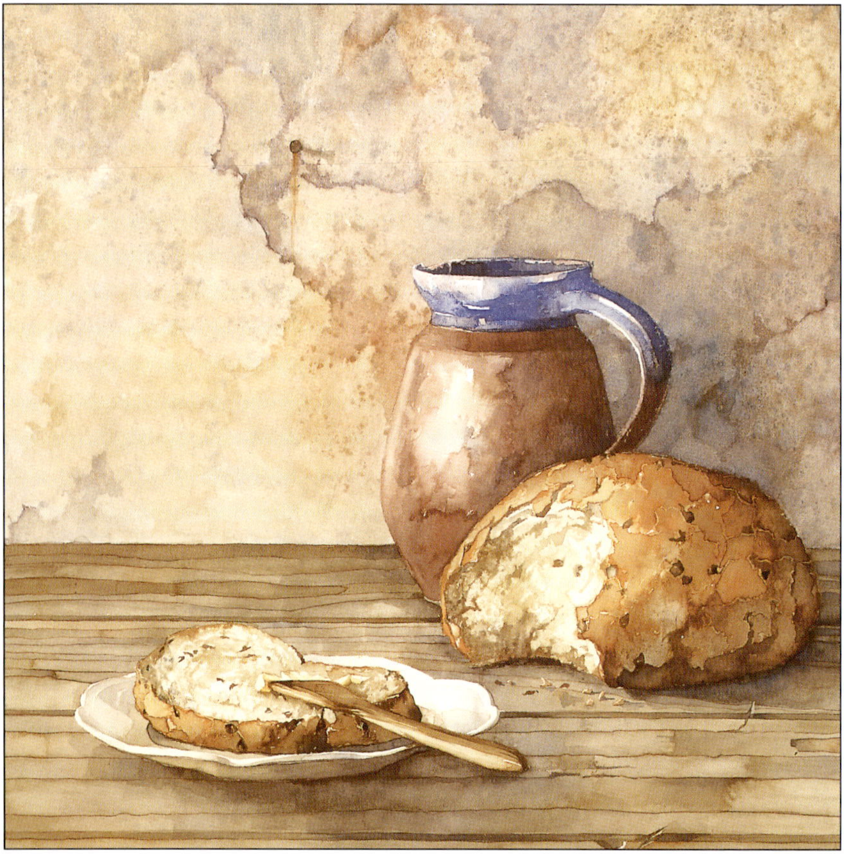

Dans cette charmante nature morte de Crin Gale, la gamme des bruns délicats est créée à partir de quelques simples couleurs terre additionnées de violet et de bleu. Le pain est exécuté avec des mélanges de terre de Sienne naturelle et brûlée et de terre d'ombre brûlée, la cruche avec le terre d'ombre brûlée et le carmin d'alizarine. Le fond a été soigneusement peint à partir de bleu de cobalt, terre de Sienne naturelle, rouge indien et terre de Sienne brûlée.

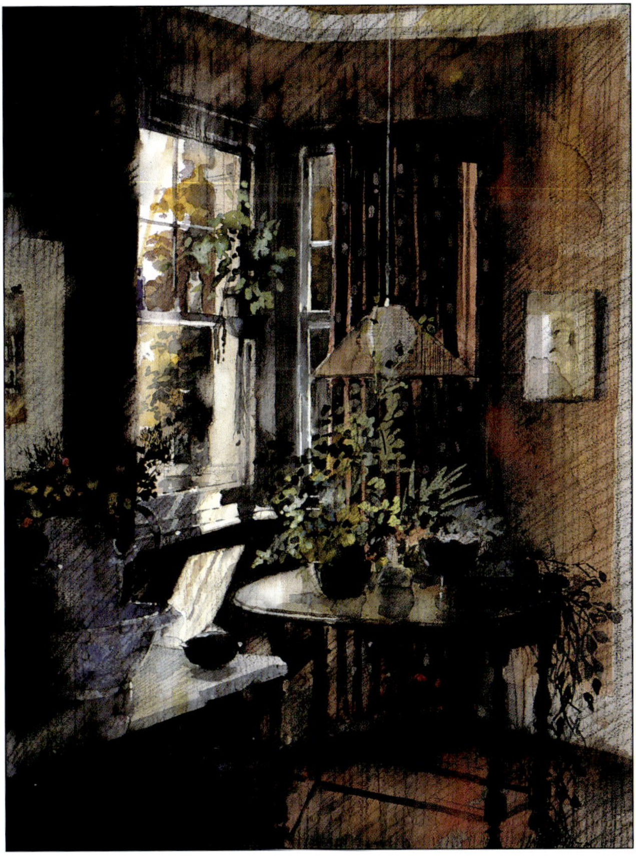

Les bleus froids de ce tableau contrastent avec les bruns des murs, des meubles, des rideaux et du sol. Ces bruns ont été créés à partir d'ocre jaune, de rouge de cadmium, de gris de Payne et de bleu outremer auxquels sont superposés de légers lavis d'indigo. Comme il fallait des couleurs d'intensité particulièrement faible, des hachures entrecroisées ont été superposées à la craie Conté noire sur toutes les zones d'ombre. (John Lidzey)

Créer les Couleurs Neutres

En aquarelle, il est impossible de créer un véritable noir à partir de deux couleurs mais le mélange de trois couleurs suffisamment denses – ou plus – peut donner un ton proche du noir sans avoir la qualité du noir d'ivoire. Le vermillon, l'outremer et le jaune de cadmium combinés avec un peu d'eau donnent ainsi un bon noir verdâtre. On peut créer plusieurs gris chauds et froids en mélangeant deux couleurs d'aquarelle.

LES GRIS CHAUDS

Les gris chauds résultent du mélange des couleurs de terre et des bleus. La chaleur du bleu affectera celle du gris obtenu. Le mélange doit être effectué avec soin. Si l'on utilise trop de couleur terre, le « gris » devient brun.

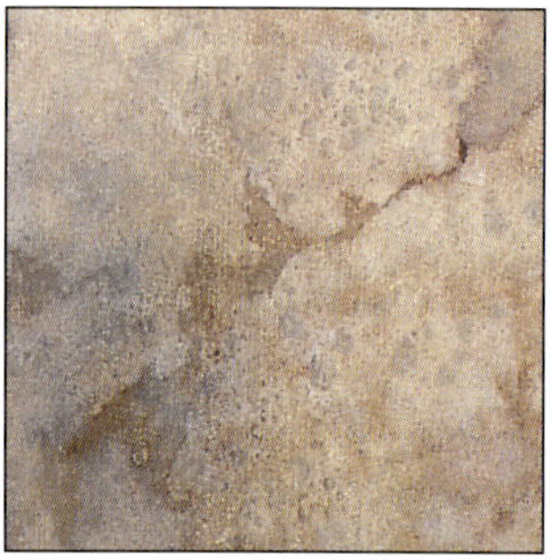

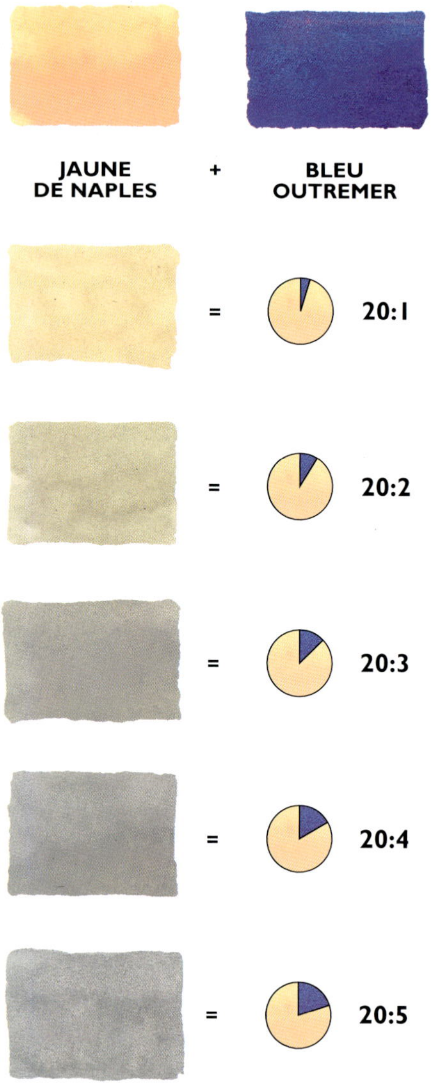

TERRE D'OMBRE BRÛLÉE	+	BLEU DE COBALT
=		10:1
=		10:3
=		10:5
=		10:7
=		10:10

SÉPIA CHAUD	+	BLEU CÉRULÉUM
=		10:1
=		10:3
=		10:5
=		10:6
=		10:7

Créer les Couleurs Neutres

LES GRIS FROIDS

Comme les gris chauds, les meilleurs gris froids résultent du mélange des bleus et des couleurs de terre, mais des couleurs complémentaires comme le vert émeraude et la garance pourpre donnent parfois un bon résultat.

La teinte neutre vendue dans le commerce peut aussi être réchauffée ou refroidie avec des rouges et des bleus pour obtenir une gamme intéressante de gris. Quelques autres possibilités figurent ci-contre.

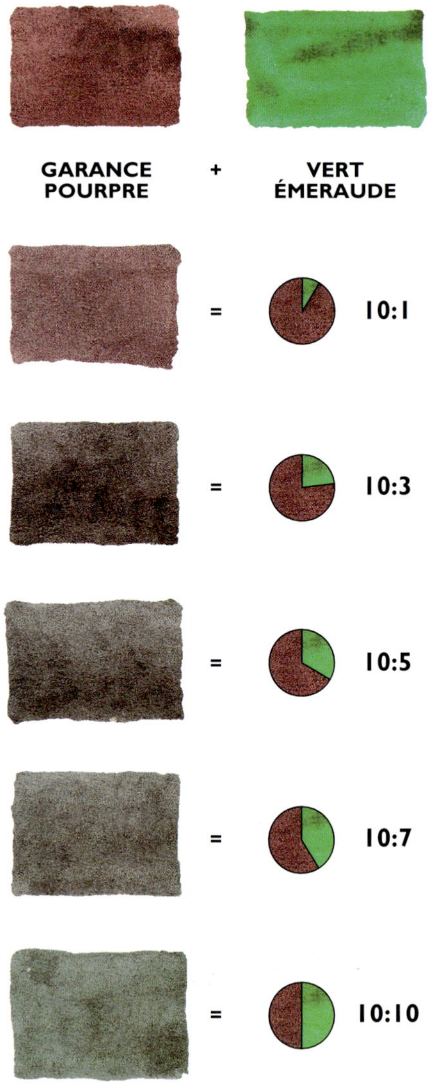

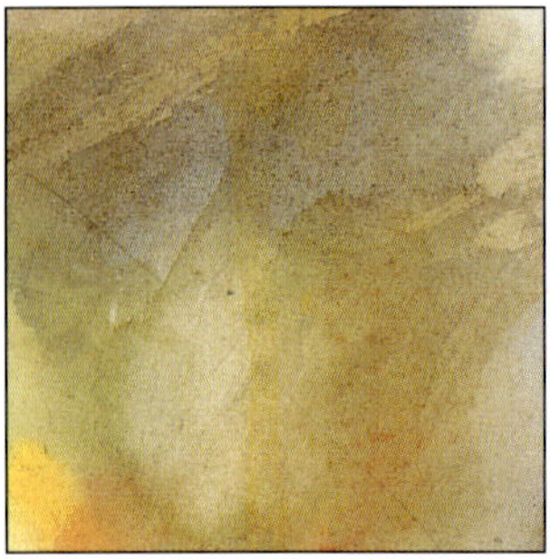

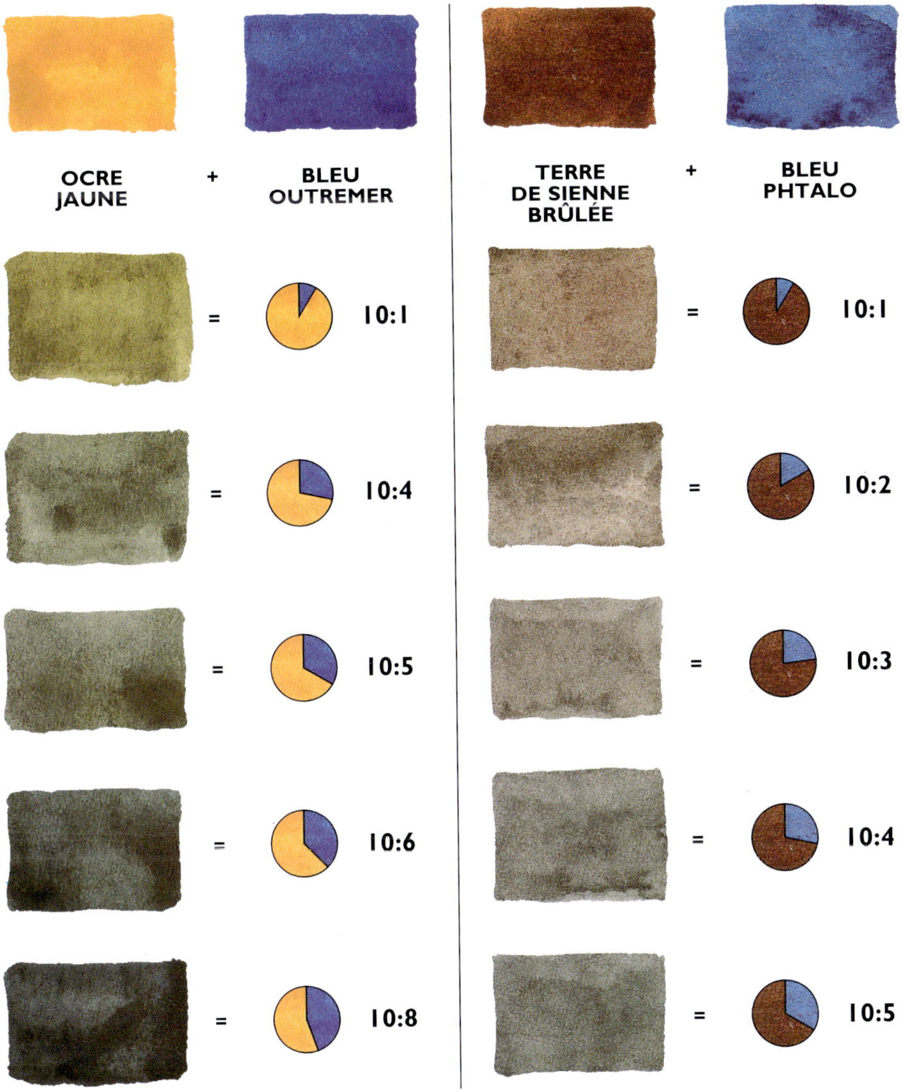
OCRE JAUNE
+
BLEU OUTREMER
=
10:1
=
10:4
=
10:5
=
10:6
=
10:8
TERRE DE SIENNE BRÛLÉE
+
BLEU PHTALO
=
10:1
=
10:2
=
10:3
=
10:4
=
10:5

PEINDRE AVEC UNE PALETTE RÉDUITE

Les pages précédentes ont été essentiellement consacrées à la recherche des couleurs en fonction du sujet. Cependant, il est tout à fait possible de peindre des tableaux dont les couleurs ne sont absolument pas conformes à celles du sujet, ce qui permet de limiter le nombre des couleurs sur sa palette.

Un tableau extrêmement coloré qui reproduit exactement les couleurs du sujet est souvent moins satisfaisant qu'un tableau exécuté avec une palette restreinte.

PEINDRE AVEC DEUX COULEURS

Trouvez un sujet adéquat dans le jardin et exercez-vous à peindre un petit tableau avec deux couleurs seulement. Vous pouvez par exemple peindre les fleurs et le feuillage en indigo et auréolin ou encore un mur de jardin et le feuillage en vermillon et bleu phtalo.

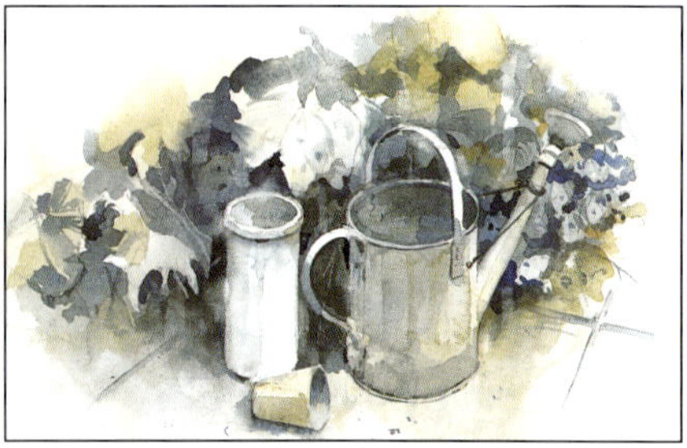

Sans être fidèles aux couleurs d'origine, ces deux couleurs sont bien harmonisées.

Mélangez vos couleurs pour qu'elles s'harmonisent bien entre elles au lieu d'essayer de reproduire les couleurs du sujet.

PEINDRE AVEC TROIS COULEURS

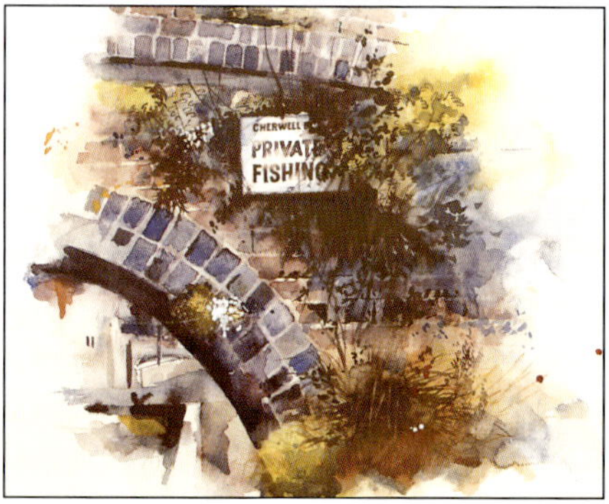

Trois couleurs suffisent à créer une large palette.

L'utilisation d'une couleur supplémentaire permet d'élargir sa palette mais il ne faut jamais oublier de contrôler ses mélanges. On peut par exemple exécuter un tableau de paysage avec des arbres tout à fait satisfaisant avec des mélanges à base de bleu outremer, de terre d'ombre brûlée et de jaune de cadmium clair. Mélangez soigneusement vos couleurs et utilisez vos peintures en dilution forte et faible pour créer des tons contrastés intéressants.